Zur Zukunft Europas
in der Welt von morgen

Fragen an die Zukunft

Heft 1

Lothar Thürmer

Zur Zukunft Europas
in der Welt von morgen

Zwischen Aufbruch und Unterordnung

3., überarbeitete Auflage

Bibliografische Information der Deutschen
Nationalbibliothek:
Die Deutsche Nationalbibliothek verzeichnet diese
Publikation
in der Deutschen Nationalbibliografie; detaillierte
bibliografische
Daten sind im Internet über dnb.dnb.de abrufbar.

© 2021 Lothar Thürmer
Herstellung und Verlag:
BoD – Books on Demand, Norderstedt

ISBN: 9 783754 334898

Inhalt

Vorwort

Es ist fünf vor zwölf für Europa: Wohlstand und Demokratie, Freiheit und Sicherheit sind in Gefahr!

Die Weltwirtschaft ist im Umbruch. Die ökonomischen Kräfteverhältnisse verschieben sich in Richtung des asiatisch-pazifischen Raumes.

Und als ob diese Herausforderung nicht schon groß genug wäre: Die Staatsführung Chinas schickt sich an, das Reich der Mitte nicht nur wirtschaftlich und technologisch, sondern auch politisch und militärisch zur Supermacht des 21. Jahrhunderts zu entwickeln. Wird ein durch und durch autoritäres System den Lauf der Welt von morgen bestimmen?

Diese Frage ist leider nur zu berechtigt. Einer, der es wissen muss wie kaum ein anderer, ist Xia Ming, ehemaliges Mitglied der Kommunistischen Partei Chinas.

Heute ist er Professor an der Universität
New York und warnt vor China als der
größten geopolitischen Bedrohung:

„Vor dem Zweiten Weltkrieg waren der
Nationalsozialismus und der Faschismus
eine Gefahr für die Welt. Heute ist es China,
das die demokratische Welt herausfordert -
mit einer Mischung aus Faschismus,
chinesischer Autokratie und
technologischem Totalitarismus!"

Dieses Heft befasst sich mit geopolitischen
Herausforderungen und daraus zu
ziehenden Schlussfolgerungen für Europa.

Die 1. Auflage enthielt den Entwurf für
einen Vortrag, den ich am 26. August 2019
vor dem Rotary Club Schwabmünchen
gehalten habe. Doch seither hat sich viel
verändert. Etwa durch die Wahl von Joe
Biden zum amerikanischen Präsidenten und
den damit verbundenen Paradigmen-
wechsel für die transatlantische Allianz.

Dies habe ich zum Anlass genommen, den Vortrag grundlegend zu überarbeiten. Die jetzt vorliegende dritte Auflage soll einen aktualisierten und deutlich verbesserten Beitrag zu einem längst überfälligen Diskurs über die Zukunft Europas leisten – in der Hoffnung, dass dieser am Ende das Notwendige möglich machen wird.

Die Aktualisierung wäre ohne die wertvolle, ja unverzichtbare Unterstützung durch meine Frau Katharina nicht zustande gekommen. Ihr bin ich zu allergrößtem Dank verpflichtet.

Danken muss ich aber auch den Freunden und Weggefährten, mit denen ich einen anregenden und bereichernden Meinungsaustausch führen durfte, von dem dieses Heft stark profitiert hat.

Mein Dank gilt schließlich den im internationalen Vergleich qualitativ sehr hochwertigen Medien in Deutschland.

Sie haben mit einer Fülle informativer Beiträge, aktueller Analysen und kluger Kommentare das vorliegende Heft mit beeinflusst.

Hervorheben möchte ich neben Sendern wie Phoenix oder arte vor allem das Handelsblatt, das wie kaum eine andere Zeitung den Finger am Puls der Zeit hat, aber auch die Augsburger Allgemeine, deren ausgeprägte regionale Verankerung es möglich macht, auch noch so komplexe Entwicklungen in ihrer Bedeutung für den Alltag der Menschen vor Ort zu erklären.

Vor allem der interessierte Laie ist es, an den ich mich wende. Deshalb habe ich großen Wert auf die Lesbarkeit des Textes gelegt und dabei gewisse Ungenauigkeiten in einem aus meiner Sicht vertretbaren Umfang in Kauf genommen.

Das gilt, um nur ein Beispiel zu nennen, etwa für den Begriff „Westen".

Den verwende ich sowohl für eine Wertegemeinschaft im Sinne von Heinrich August Winkler als auch für eine geografische Zuordnung. Die jeweilige Bedeutung erschließt sich dem wohlwollenden Leser aber aus dem Kontext.

Friedberg, im August 2021

Welt in Unordnung

Wir leben in einer Zeit globaler Umbrüche, einer Beschleunigung des Wandels und wachsender Interdependenzen zwischen systemisch relevanten Bereichen. Diese Entwicklung droht politisch-administrative Systeme zunehmend zu überfordern.

Das Gefühl einer Überforderung kollektiver Steuerungssysteme treibt viele Menschen um. Sie machen sich Sorgen um die Zukunft unseres Landes.

Einer von ihnen ist Ex-Siemens-Chef Joe Kaeser. Er stellt in einem Interview mit Stefan Stahl fest: „Die Konflikte in diesem Land nehmen zu: Reich gegen Arm, Jung gegen Alt. Hinzu kommen umbruchartige Veränderungen wie die Energiewende und die vierte industrielle Revolution, also die fortschreitende Digitalisierung. Auch geopolitische Veränderungen werden Auswirkungen auf die Exportpolitik unseres Landes haben.

All das wird sich auf das Leben von Millionen Menschen auswirken. Dann noch die Pandemie."

Gegenwärtig stehen vor allem zwei Herausforderungen im Vordergrund der weltweiten Wahrnehmung. Da ist zunächst das Sars-Cov-2-Virus, das fast den ganzen Planeten in Atem hält. Vielleicht werden wir dieses Virus gar nicht so schnell „abschütteln" können, wie wir uns das erhoffen. Und es könnte sogar sein, dass wir an der Schwelle zu einem „Zeitalter der Pandemien" stehen. Und doch spricht viel dafür, dass der Klimawandel uns noch weitaus stärker herausfordern wird. Wir beobachten einen globalen Temperatur-anstieg, der Meeresspiegel steigt, Extremwetter nehmen zu.

Steuert die Menschheit auf eine neue Heißzeit zu, in der immer weitere Teile der Welt unbewohnbar werden? Oder lässt sich die globale Erwärmung noch begrenzen? Leider hat Gregor Peter Schmitz wohl recht, wenn er in der Augsburger Allgemeinen vom 15. Juli 2021 feststellt: „Es sind ernsthafte Zweifel erlaubt, ob die Menschheit … die Kraft für einen Klima-Kraftakt aufbringen kann.“

Schlechte Nachrichten für das Klima kommen auch und gerade aus China, dem größten CO2-Emittenten des Planeten. Eigentlich dürfte die Weltgemeinschaft insgesamt nur noch rund maximal 400 Gigatonnen CO2 emittieren, so der Weltklimarat 2018. Doch dieses Klimabudget könnten wir schneller verbraucht haben, als uns lieb ist. Die Menschheit stößt nämlich jährlich 40 Gigatonnen CO2 aus, mit wohl eher steigender Tendenz. Ganz besonders China sticht hier negativ hervor. Und das widerspricht nicht einmal dem Völkerrecht. Danach darf das Reich der Mitte seine Emissionen bis 2030 deutlich erhöhen.

Man reibt sich die Augen! Und ist fast schon geneigt, sich zu fragen: Setzt die chinesische Führung Klimapolitik als geostrategische Waffe im Kampf gegen den Westen ein?

Wie ist es zu erklären, dass sich die Supermacht beim Klimaschutz so sehr zurückhält, wo Peking doch gleichzeitig mit aller Entschlossenheit die stärkste Wirtschafts- und Militärmacht der Welt werden will?

Jedenfalls spricht viel dafür, dass sich Europa verstärkt um Klimaaußenpolitik kümmern, CO_2-Reduzierungen nur im Gleichklang mit noch viel größeren Emittenten wie China umsetzen und dabei einen technologieoffenen Ansatz verfolgen sollte, der sich auf Innovationen, Investitionen und unternehmerische Initiative konzentriert.

Der amerikanische Präsident hat vor Kurzem geäußert, Xi Jinping sei es „todernst" mit seinen machtpolitischen Ambitionen. Und er hat in diesem Zusammenhang vor einem „echten Krieg" gewarnt.

Die Perspektiven für die Welt verdüstern sich zunehmend.

Unser Planet ist noch verwundbarer geworden: in ökologischer Hinsicht, aber auch wegen wachsender geopolitischer Gefahren für Frieden und Freiheit.

In diesem Heft lege ich den Fokus auf geo- und sicherheitspolitische Bedrohungen. Denen schenkt man gerade in Deutschland eher wenig Beachtung. Aber das ist brandgefährlich! So sind Pekings Machtambitionen nach Ansicht vieler Beobachter die größte Gefahr für Europas Zukunft. Alexander Graf Lambsdorff etwa fordert: „Wir müssen uns darüber im Klaren sein, dass China eine Vision hat, die auf Dominanz und Unterordnung hinausläuft."

Xi Jinping, auf Lebenszeit Nummer 1 der mit fast 100 Millionen Mitgliedern größten kommunistischen Partei der Welt, ist überzeugt, dass der Kommunismus die einzige Wahrheit sei. Und: Der Kommunismus solle nicht nur in China umgesetzt werden, sondern sich über die ganze Welt verbreiten.

Europa kann sich nicht in Sicherheit wiegen:
Xi Jinping träumt von einer Welt unter
seiner Kontrolle!

Wer daran noch immer zweifelt, sollte die
ganz hervorragend recherchierte Sendung
„Die neue Welt des Xi Jinping" sehen.
Danach wird er sich kaum mehr des
Eindruckes erwehren können, dass das
Lächeln von Xi Jinping bloße Fassade ist.

„Er ist eine eiserne Hand im
Samthandschuh", so der Politologe Jean-
Pierre Cabestan. Ähnlich im Übrigen Joe
Biden mit seiner bemerkenswert offenen
Feststellung: „Ich kenne Xi Jinping schon
sehr lange. Er hat nicht einen
demokratischen Knochen im Leib, doch er
ist überaus clever."

Unter Xi Jinping hat die Ideologie den
früheren Pragmatismus verdrängt.
Abweichungen von der Parteiideologie
werden nicht geduldet. Da zeigt sich Xi
Jinping als „erbarmungsloser Diktator".

Seit fast einem Jahrzehnt befindet sich
China „in einem offenen ideologischen
Krieg" mit dem Westen, ohne dass wir das
hier wahrgenommen hätten. (Cabestan).

Warum? Antwort darauf gibt das
sogenannte „Dokument Nummer 9".
Darin warnt der Generalsekretär der
Kommunistischen Partei Chinas vor
„feindlichen ausländischen Kräften". Die
Hauptgefahr für China gehe von
universellen Werten, von der freiheitlichen
Demokratie aus. Die Gefahr sei also der
Westen!

Nach Einschätzung von Francois Bougon,
dem Autor von „Im Kopf des Xi Jinping",
versucht Xi Jinping, die kaiserliche und die
kommunistische Geschichte miteinander zu
verschmelzen. Er habe für das
kommunistische System eine neue
Legitimität gefunden: im Nationalismus und
in der Betonung dessen, was das Land
ausmacht.

Dazu hat der Staatspräsident der Volksrepublik ein „gemeinsames" Programm für das Volk entwickelt, den „chinesischen Traum":

„Wir Söhne und Töchter der chinesischen Nation werden gemeinsam daran arbeiten, dass unser Traum der nationalen Wiedergeburt Wirklichkeit wird."

Xi Jinping glaubt an eine chinesische Nation, die im Patriotismus und in der Treue zur Kommunistischen Partei vereint ist.

China soll zur Größe des Kaiserreiches zurückfinden. Es soll bis 2049, wenn die Volksrepublik ihr 100jähriges Bestehen feiern wird, zur weltweit größten Wirtschafts- und Militärmacht werden!

Um die imperiale Macht zurückzuerlangen, hat Xi Jinping einen Plan für die „Wiedervereinigung" Chinas aufgestellt. Ein Projekt, das nach Einschätzung von Beobachtern eine territoriale, ethnische und ideologische Einheit herstellen soll.

Der erste Schritt dieser Vereinigung ist die
Zwangsassimilation der Uiguren in der 1950
von Mao eroberten Region Xinjiang.

Viele der über 10 Millionen muslimischen
Uiguren träumen noch immer von
Unabhängigkeit. Deshalb hat Xi Jinping nach
Einschätzung von Beobachtern 2014
beschlossen, das „Problem" ein für alle Mal
zu „lösen". Dazu soll er eine Million
chinesische Funktionäre nach Xinjiang
entsandt haben.

500.000 Kinder sollen von ihren Familien
getrennt worden sein. Und es sollen über
300 Straflager errichtet worden sein, in
denen nach einschlägigen Berichten seit
2017 ständig mindestens eine Million
Menschen interniert sind.

Die Präsidentin des Europäischen
Uigurischen Instituts, Dilnur Reyhan, klagt
an: „Sicher ist, dass es sich bei dem, was die
Uiguren derzeit erleiden, um die weltweit
größte Masseninternierung seit dem
Zweiten Weltkrieg handelt."

Erste westliche Regierungen sprechen von einem Genozid. Und es ist beklemmend, was Antoine Bondaz von der Stiftung für strategische Studien in Frankreich hierzu äußert: „Die vorliegenden Berichte sprechen nicht nur von Internierungslagern, sondern auch von Zwangsarbeit und Zwangssterilisation. Es geht um die Zerstörung eines Kulturerbes und um die Massenüberwachung der Bevölkerung. Hier werden Menschenrechte verletzt und wohl auch Verbrechen gegen die Menschlichkeit verübt.“

Und weiter: „Pekings derzeitige Xinjiang-Politik sagt etwas über Xi Jinpings Persönlichkeit aus. Er ist bereit, den beträchtlichen Schaden zu akzeptieren, die Chinas Außenwirkung, aber auch die Beziehungen zwischen China und dem Westen durch diese Politik nehmen.“

Die brutale Verfolgung der Uiguren ist im Übrigen ein Bruch mit dem 1911 untergegangenen chinesischen Kaiserreich.

So stellt Klaus Mühlhahn, Professor für Sinologie und Autor des Buches „Geschichte des modernen China", in einem Interview am 23. Juli 2021 fest: „Das Kaiserreich ist enorm erfolgreich gewesen in der Verwaltung eines multiethnischen Staates, der China immer gewesen ist. Viele Dutzend Völker lebten bis 1911 friedlich zusammen, auch weil es keinerlei religiöse Doktrin gab. Die Kaiser waren etwa tiefgläubige Anhänger des tibetischen Lamaismus. Der Friede endete erst mit dem Aufkommen des Nationalismus und der „Erfindung" des modernen China."

Weitere Ziele der sogenannten Vereinigung des modernen China: die Gleichschaltung Hongkongs und die „Einverleibung" Taiwans, das de facto seit über 70 Jahren unabhängig ist.

Vor allem der Auftritt Chinas auf der Bühne der Weltpolitik hat den globalen Wandel beschleunigt. Aber weitere Herausforderungen kommen dazu.

Das geopolitische Geschehen insgesamt
zeigt heute eine manchmal schon
beängstigend disruptive Dynamik – ganz im
Kontrast zur Stabilität der überschaubaren
Welt während des Kalten Krieges. Dessen
bipolare Ordnung ist mit der Implosion der
Sowjetunion untergegangen.

Ihr folgte eine unipolare Welt der
amerikanischen Hegemonie. Aber auch
diese neigt sich ihrem Ende entgegen.

Und es zeichnet sich eine neue bipolare
Weltordnung ab: China und die USA
konkurrieren um die Vorherrschaft in der
Welt.

Manch kluger Experte sieht sogar eine
tripolare Konstellation – mit Russland als
dritter Supermacht. Ich halte diese Sicht für
nicht sinnvoll, auch wenn Moskau ganz
gewiss über ein erhebliches „Störpotenzial"
verfügt und im Wettbewerb zwischen
Washington und Peking ein Stück weit das
„Zünglein an der Waage" spielen könnte.

Aber das ändert nichts daran, dass die Vereinigten Staaten und das Reich der Mitte aufgrund der Kombination von wirtschaftlicher Stärke und militärischer Potenz auf absehbare Zeit die beiden einzigen „wirklichen" Supermächte bleiben werden.

So oder so: Wir befinden uns inmitten einer geopolitischen Zeitenwende, eines „Epochenwechsels" mit einer wachsenden Bedeutung von geopolitischen Konflikten.

Henry Kissinger hat schon frühzeitig eine „Welt in Unordnung" konstatiert. „Die Welt ist aus den Fugen geraten", so später Frank-Walter Steinmeier. Und Sigmar Gabriel betont gegenüber der Augsburger Allgemeinen am 23. Juli 2021: „Wir sind Zeitzeugen einer wahrhaft tektonischen Verschiebung der politischen, wirtschaftlichen und auch militärischen Machtachsen in der Welt." Viele scheinen das aber noch gar nicht so richtig verstanden zu haben.

Die Entwicklung der letzten 30 Jahre hat die
überaus optimistische Perspektive von
Francis Fukuyama dramatisch widerlegt. Der
schien sich im Sommer 1989 ziemlich sicher
zu sein: „Was wir beobachten, ist nicht
einfach das Ende des Kalten Krieges oder
das Ende einer bestimmten Phase der
Nachkriegsgeschichte, sondern das Ende
der Geschichte selbst."

Es kam anders, ganz anders: keine
„Universalisierung" der westlichen liberalen
Demokratie, sondern in Teilen der Welt und
ganz besonders in China das Erstarken eines
Ein-Parteien-Systems ohne politische
Freiheiten.

Das Ende des Kalten Krieges vor 30 Jahren
war damit nicht nur nicht das Ende der
Geschichte. Seither hat sich die Geschichte
sogar beschleunigt - und zu wachsenden
Bedrohungen geführt.

Annegret Kramp-Karrenbauer hat
vollkommen recht, wenn sie feststellt:

„Autoritäre Systeme sind wirtschaftlich, gesellschaftlich und militärisch auf Expansionskurs und arbeiten mit Nachdruck daran, Völkerrecht umzuschreiben und zu entstellen. Handelsrouten und Lieferketten geraten unter Druck. In der Cyberwelt haben wir es täglich mit einer Vielzahl staatlicher oder staatsnaher Angriffe zu tun, viele davon auf die Institutionen unserer Demokratie oder auf kritische Infrastrukturen.

Hochmoderne Waffensysteme, von KI-gesteuerten Drohnenschwärmen bis hin zu bisher kaum abwehrbaren hypersonischen Flugkörpern, sind bereits im Einsatz oder werden es bald sein. Krisen und Kriege bestimmen leider den Alltag auch in unserer europäischen Nachbarschaft. Gleichzeitig bleibt der Terrorismus, besonders der islamistische, eine Geißel für alle Menschen überall auf der Welt."

Mit terroristischen Bedrohungslagen befasse ich mich in diesem Heft nicht vertieft.

Und doch möchte ich auch hier festhalten,
etwa mit Blick auf das Terrornetzwerk Al-
Kaida und den Islamischen Staat (IS): „Wir
haben momentan überhaupt keinen Anlass
dazu, Entwarnung zu geben" (BND-
Präsident Bruno Kahl, zitiert in der
Augsburger Allgemeinen vom 13. Juli 2021).

Hat sich Europa auf all diese Gefahren
angemessen vorbereitet? Oder hat es
schlafwandelnd auf ein „Weiter so" gesetzt,
obwohl es mit Christopher Clark hätte
wissen müssen, dass Schlafwandlern große
geopolitische Gefahren drohen?

Jedenfalls stand sich die EU in den
vergangenen Jahren nicht selten selbst im
Weg. Das betrifft die Effizienz ihrer
Institutionen und die Sicherheitspolitik,
aber auch die Außenwirtschafts- und
Handelspolitik:

- TTIP, das transatlantische
  Freihandelsabkommen mit den
  USA, kam nicht zustande.

Und das, obwohl es nach Auffassung vieler Experten die wirtschaftliche Perspektive für Europa und den Westen insgesamt hätte deutlich stärken können.

- Die Verhandlungen zum Abkommen mit Kanada (CETA) wurden von ähnlich kritischen Diskussionen begleitet wie TTIP. Glücklicherweise konnte am Ende immerhin ein Teil des Abkommens ratifiziert werden.

- Mit den südamerikanischen Mercosur-Staaten (Argentinien, Brasilien, Paraguay und Uruguay) hat die EU die Verhandlungen zwar erfolgreich abgeschlossen, aber bei der Ratifizierung „klemmt" es mächtig.

Europa ist auch hier nicht aus den Puschen gekommen. Umso schwerer wiegt es da, dass die EU und die USA in Asien handelspolitische Rückschläge erleiden mussten

Zunächst haben sich die USA aus dem Transpazifischen Partnerschaftsabkommen (TPP) zurückgezogen. Dieses kam dann zwar in leicht veränderter Form zustande, aber eben ohne die Vereinigten Staaten.

Mit der Regional Comprehensive Economic Partnership (RCEP) ist unter chinesischer Führung die größte Freihandelszone der Welt entstanden. Sie umfasst ein knappes Drittel der Weltbevölkerung und einen ähnlich großen Teil des Weltsozial-produktes.

In diesem Zusammenhang verweise ich auf einen brillanten Artikel von Markus Ferber in den Politischen Studien über den Multilateralismus und das Welthandels-system. Er kommt zu dem Ergebnis, dass sich China mit RCEP als ernstzunehmender handelspolitischer Akteur auf der Weltbühne positioniert habe.

Staaten, die handelspolitisch eine Öffnung anstrebten, würden sehr wohl wahrnehmen, dass sie mit China

nervenzehrende Verhandlungen über
Umwelt- und Sozialstandards vermeiden
können, während diese auf der Liste der
europäischen Verhandlungsthemen ganz
oben stünden.

China setze damit aber nicht nur seine
handelspolitischen Vorstellungen um,
sondern stärke auch seinen geostrategischen Ansatz in der Region.

Und während der Westen mit der Corona-
Pandemie kämpft, baut China seinen
Einfluss weiter aus und festigt seine Macht:

- In Hongkong hat das Totenglöcklein
  für die Demokratie zu läuten
  begonnen. Xi Jinping scheint zu
  allem bereit zu sein, um seinen
  „Anspruch" auf Hongkong
  durchzusetzen. „Xi Jinping will
  dieses „Krebsgeschwür" Hongkong
  so schnell wie möglich beseitigen",
  so Jean-Maurice Ripert,
  Botschafter Frankreichs in China.

Ein neues Wahlgesetz enthält kaum mehr die Möglichkeit, wirklich wählen zu können. Dazu äußert sich Ripert deutlich sarkastisch: „Sie haben etwas Großartiges erfunden, das wir aus Russland kennen: ein unabhängiges, also von der chinesischen KP gebildetes Komitee, das die Kandidaten festlegt. Jetzt brauchen sie die Wahl nicht mal mehr zu fälschen."

2020 nutzte Xi Jinping die Coronakrise, um den Nationalen Volkskongress ein Sicherheitsgesetz verabschieden zu lassen. Oppositionelle werden auf dieser Grundlage verhaftet und abgeurteilt. Yu Jie, Xi Jinping-Biograf im Exil, äußert resigniert: „Wir haben jetzt eine Justiz, die zum Instrument der Kommunistischen Partei geworden ist, um die Demokraten zu unterdrücken."

Im Ergebnis ist das Modell „ein Land, zwei Systeme" faktisch am Ende. „Hongkong steht immer mehr unter totalitärer Kontrolle. Die Repression ist inzwischen brutal. Viele Hongkonger haben sich zur Flucht ins Ausland entschlossen", so Nadege Rolland vom National Bureau of Asian Research. „Peking ist dabei, Hongkong schlicht und einfach zu annektieren", so Ripert.

- Im Südchinesischen Meer setzt sich die Konfrontation fort. Xi Jinping erhebt seit 2012 einen historischen Anspruch auf praktisch das gesamte Südchinesische Meer – zu Lasten von Hoheitsgewässern und Inseln seiner Nachbarn, etwa Japans, der Philippinen, Malaysias und Vietnams. Seit 2017 haben sich die Spannungen verschärft. Seither hat Peking im Südchinesischen Meer Schritt für Schritt eine Militärbasis errichtet.

Dazu hat es mehrere Riffe der Spratly-Inseln zu Marine- und Luftwaffenstützpunkten ausgebaut und die Militarisierung der Paracel-Inseln vorangetrieben.

Pekings „übergriffige" Politik verschärft zunehmend den Konflikt mit den USA und deren Verbündeten in der Region. Erst vor kurzem hat es einen ernsten Zwischenfall vor den Paracel-Inseln gegeben, so Spiegel-Online am 12. Juli 2021: China habe offenbar einen US-Zerstörer abgedrängt, obwohl die Volksrepublik nach einem Urteil des Internationalen Schiedsgerichtes in Den Haag von 2016 keine Hoheitsansprüche in der Region hat. Allerdings: Peking akzeptiert diesen Schiedsspruch nicht. Xi Jinping betreibt eine Politik der vollendeten Tatsachen!

Ein wichtiges Lehrstück für alle, die sich fragen: Können wir China trauen? Die USA mussten sich hintergangen fühlen, als Xi Jinping auf den Spratly-Inseln Raketen und Kampfflugzeuge stationierte, obwohl er zuvor in Washington entsprechende Absichten noch klar verneint hatte. Kein gutes Zeichen!

- Mit dem Iran hat China ein Kooperationsabkommen für die kommenden 25 Jahre unterzeichnet.

- Und mit Russland sucht es den Schulterschluss: Im März 2021 unterschrieben der russische Außenminister Sergej Lawrow und sein chinesischer Amtskollege Wang Yi eine Erklärung, die dazu aufruft, den Schutz der Menschenrechte nicht zu „politisieren" und darauf zu verzichten, sie „als Vorwand zur Einmischung in innere Angelegenheiten anderer Staaten" zu nutzen.

Sigmar Gabriels Sicht auf das Reich der Mitte fällt ziemlich nüchtern aus: „China ist eine Kommunistische Parteidiktatur." Diese habe sich im Zuge des ökonomischen Erfolges dem Westen keineswegs geöffnet. „Insgesamt ist das Land heute verschlossener, als das vor 20 Jahren der Fall war."

Deshalb ist es im Übrigen zwar wenig hilfreich, aber kaum verwunderlich, dass sich Chinas Führung mit Zähnen und Klauen gegen eine von der WHO geplante Labor-Inspektion in Wuhan wehrt. Warum nur mauert China gegen alle Initiativen für mehr Transparenz? „Tear down this wall": Dieser Appell läuft bei Pekings Führung ins Leere.

Präsident Xi Jinping preist zwar gelegentlich die multilaterale Ordnung. Er ist aber - zumindest bislang - nicht bereit, am Gebaren seines Landes Entscheidendes zu ändern, im Gegenteil.

Was das konkret bedeutet, fasst Marco
Overhaus in einer aktuellen Studie der
Stiftung Wissenschaft und Politik klug so
zusammen: China habe sich trotz seiner
Mitgliedschaft in der Welthandels-
organisation nicht in eine Marktwirtschaft
entwickelt. Vielmehr folge es einem
staatskapitalistlschen Modell und nutze
dabei mit unfairen Praktiken die liberale
Handelsordnung aus: durch erzwungenen
Technologietransfer, die Verweigerung
reziproken Marktzugangs, versteckte
Subventionen und Diebstahl geistigen
Eigentums!

Alarmierend auch das Ergebnis einer
Analyse des Berliner China-Thinktanks
Merics: Der chinesische Staat versuche,
auch durch Industriespionage und
Cyberattacken an technologisches Know-
how zu kommen - besonders in den
Branchen, in denen China noch keine
eigenen Fähigkeiten entwickelt hat und
ausländische Technologieführer die
wichtigsten Teile ihrer Wertschöpfungskette außerhalb Chinas halten.

Das lässt sich nicht bestreiten: Peking versucht, fast um jeden Preis und mit großer Konsequenz zur wirtschaftlichen Supermacht aufzusteigen.

Droht am Ende gar ein Technologiekrieg? Stehen wir vor einer Entkoppelung der USA von China im Hochtechnologiesektor? Wollen die USA mit der Strategie des „Decoupling" China auf Abstand halten? Und will sich China mit der gleichen Strategie unabhängig von den Vereinigten Staaten machen? Für beides gibt es Hinweise.

Der neue Fünfjahresplan der chinesischen Staats- und Parteiführung ist ambitioniert: Peking will Technologieführer werden, Importe ersetzen und Auslandsmärkte erobern. Diese Dreifachstrategie prägt Chinas neuen Kurs.

Und der könnte gerade für Deutschlands Exporteure gravierende Auswirkungen haben.

So sorgt Peking mit einer gezielten
Marktabschottung und staatlicher
Förderung dafür, dass chinesische
Unternehmen eine dominante Stellung im
internationalen Wettbewerb erreichen.

Wie erfolgreich die chinesische Staatsführung mit ihrer Strategie schon bislang
war, dafür ist die Solarbranche geradezu ein
Musterbeispiel.

Der Aufstieg der chinesischen
Photovoltaikindustrie sollte im Übrigen
auch ein Warnsignal für all diejenigen sein,
die auf einen „Klima-Zukunft-
Automatismus" setzen: mehr Klimaschutz in
Deutschland führe hierzulande zu
Innovationsvorsprüngen und im Ergebnis zu
mehr zukunftsfähigen Arbeitsplätzen. Wer
seine Rechnung ohne China macht, kann
schnell auf die Nase fallen.

Die Volksrepublik verfolgt eigene
Interessen: beinhart!

Peking hat durch die Globalisierung einen enormen ökonomischen Schub erlebt. Und der hat steigende Militärausgaben ermöglicht. So verfügt das Reich der Mitte heute nach den USA über den zweitgrößten Verteidigungshaushalt.

Seit Mitte der 1990er Jahre hat Peking seine Verteidigungsausgaben verzehnfacht! Allein 2019 betrugen die Militärausgaben fast 270 Milliarden US-Dollar. Und sie steigen weiter: 2021 um sagenhafte sieben Prozent! Chinas Aufstieg zu einer militärischen Supermacht scheint unaufhaltsam. „Was als feindselige Wirtschaftspolitik begann, setzt sich als Wettrüsten fort" (Gabor Steingart).

Der Bau von rund 120 Raketensilos in einem Wüstengebiet der chinesischen Provinz Gansu deutet nach Auffassung vieler Experten darauf hin, dass Peking sein Atomwaffenarsenal schneller ausweitet als bislang erwartet. Jeffrey Lewis vom James Martin Center for Nonproliferation Studies sieht darin eine „alarmierende Entwicklung".

„Diese Aufrüstung ist besorgniserregend.
Sie wirft Fragen über die Absichten der
Volksrepublik China auf", so auch Ned Price,
Sprecher des amerikanischen Außen-
ministeriums.

Wie auch immer: Die atomare Aufrüstung
Chinas ist gefährlich und könnte ein neues
Wettrüsten verheißen!

Ein weiteres kommt hinzu: Nach einem
Bericht in FAZ-Online vom 19. Juli 2021
klagen die USA, die EU, Großbritannien,
Kanada, Neuseeland, Japan und die Nato
China wegen „unverantwortlicher
bösartiger Cyberaktivitäten" an.

Das chinesische Ministerium für
Staatssicherheit setze auch kriminelle
Hacker für Cyberangriffe ein, so das Weiße
Haus. Der Diebstahl von geistigem Eigentum
und Kryptowährungen gehöre zum
Repertoire von Chinas Cyberkriminellen.

Die Entwicklung hat sich in der letzten Zeit
dramatisch verschärft.

Als Folge einer wachsenden Bedrohung durch China und Russland stehe das Thema Cybersicherheit inzwischen ganz oben auf der Tagesordnung der Biden-Regierung, so ein Artikel von Handelsblatt-Online vom 28. Juli 2021.

Es habe eine Reihe von öffentlichkeitswirksamen Angriffen auf Unternehmen wie die Netzwerkmanagementfirma SolarWinds, die Firma Colonial Pipeline, den Fleischverarbeitungsbetrieb JBS und die Softwarefirma Kaseya gegeben, die den USA weit mehr geschadet hätten als nur den gehackten Unternehmen. Einige der Angriffe wirkten sich in Teilen der Vereinigten Staaten auf die Kraftstoff- und Lebensmittelversorgung aus.

Aber Peking zieht nicht nur auf militärischem Gebiet schon heute alle Register. Es ist längst auch eine diplomatische Großmacht geworden, die dem Westen die Stirn bietet und eine neue Weltordnung schaffen will.

Eine neue Weltordnung zu Lasten Europas und der USA. Und vor allem: eine Weltordnung mit China im Zentrum!

Aber wohin soll die Reise gehen? Das Ziel scheint klar zu sein: „Seit Mao träumt China vom Aufbau einer paradiesischen kommunistischen Welt", so der Historiker Zhang Lifan.

Und die Methode? Dazu konstatiert Jean-Pierre Cabestan: „Xi Jinpings Strategie zur Durchsetzung einer neuen Weltordnung besteht darin, auf zwei Beinen zu laufen, wie Mao gesagt hätte. Zum einen strebt er nach mehr Einfluss in den bestehenden multilateralen Organisationen.

Und zum anderen gründet er neue internationale Organisationen, die nicht vom Westen, sondern von China beeinflusst werden und ideologisch den Interessen und Werten der Volksrepublik entsprechen."

Ähnlich Marco Overhaus: Die diplomatische
Ambition Chinas betreffe die Institutionen-
architektur sowohl der Vereinten Nationen
als auch außerhalb davon, etwa die Belt-
and-Road-Initiative oder RCEP. Damit
positioniere sich China als Anbieter von
Entwicklungshilfe, Investitionen, Krediten
und als Regelsetzer auf der Basis eigener
Wertvorstellungen.

Allein „im Zusammenhang mit der
Seidenstraße gibt es weltweit über 180
Organisationen unter der Leitung der
Chinesen. Sie machen dem System der
Vereinten Nationen Konkurrenz. Und
manche finden das großartig", so Jean-
Maurice Ripert.

Alles andere als „großartig" ist diese
Entwicklung aus der Perspektive des
Westens. So mahnt Sigmar Gabriel: „In der
neuen und gegenüber dem Kalten Krieg
heute weitaus komplexeren Welt geht es
um die Systemkonkurrenz zwischen
entwickelten Demokratien und Autokratien.

Was werden Historiker in 600 Jahren über unsere Zeit sagen? Werden sie den Beginn eines neuen asiatischen Zeitalters konstatieren und die Selbstaufgabe des damals sogenannten Westens am Beispiel Europas?"

China fordert uns heraus. Es ist aber nicht die einzige Herausforderung für den Westen. Vor allem Russland bleibt eine herausragende sicherheitspolitische Bedrohung. Ein Einmarsch russischer Truppen in die Ukraine ist, wie sich unlängst gezeigt hat, durchaus möglich. Dieser Schritt würde die Region destabilisieren. Moskau spielt hier mit dem Feuer!

Seit sieben Jahren werden Teile der Gebiete in der Ostukraine entlang der russischen Grenze von moskautreuen Separatisten kontrolliert. Uno-Schätzungen zufolge sind bei den Kämpfen mehr als 13.000 Menschen getötet worden. Ein 2015 mit deutsch-französischer Vermittlung vereinbarter Friedensplan liegt auf Eis.

Gewiss, Russland kann mit seinem asiatischen Nachbarn im Bereich der Wirtschaft bei Weitem nicht mithalten. Aber es zählt zu den führenden Rüstungsherstellern. Auch nach Einschätzung des Präsidenten des Bundesnachrichtendienstes hat Moskau seine militärisch-technologischen Möglichkeiten stark ausgebaut.

Die Bedrohung Europas durch Russland hat zugenommen, während die Beziehungen gleichzeitig einen Tiefpunkt erreicht haben.

Dabei gab es noch vor zwei Jahrzehnten die Hoffnung auf eine partnerschaftliche Zukunft, ja sogar auf eine strategische Partnerschaft. Damals, am 25. September 2001, hielt Putin seine berühmte Rede vor dem Deutschen Bundestag: „Ich bin überzeugt: Wir schlagen heute eine neue Seite in der Geschichte unserer bilateralen Beziehungen auf und wir leisten damit unseren gemeinsamen Beitrag zum Aufbau des europäischen Hauses.“

Nach Putins Ansprache: Standing Ovations!
Nichts davon ist geblieben. Den Wendepunkt im Verhältnis zwischen Russland und
dem Westen markiert Putins Wutrede 2007
anlässlich der Münchner Sicherheitskonferenz.

Damals klagte Putin den Westen an: „Die
unter der Führung der USA etablierte
monopolare Weltordnung hat nicht mehr
Demokratie und Sicherheit gebracht. Im
Gegenteil: Sie wurde zum Motor für
Wettrüsten, globale Spannungen und
menschliche Tragödien."

Weiter verstärkt wurden die Spannungen
zwischen Russland und dem Westen dann,
als Barack Obama mit Blick auf die „Krim-
Krise" 2014 äußerte: „Russland ist eine
Regionalmacht, die manche ihrer direkten
Nachbarn bedroht – und zwar nicht aus
Stärke, sondern aus Schwäche."

Russland – das territorial größte Land der
Erde - eine „Regionalmacht"!

Tiefer hätte man den russischen
Nationalstolz kaum verletzen können!

Und heute? Der Hackerangriff auf den
Deutschen Bundestag, der Tiergartenmord
inmitten Berlins, die völkerrechtswidrige
Krim-Annexion, der Krieg im Donbass und
Giftanschläge, wie etwa gegen Alexej
Nawalny: Dies alles zeige, „dass Putin in uns
keinen Partner sieht – sondern einen
Gegenspieler" (Nils Schmid).

Michail Chodorkowski sagte im Mai 2021
bei einer Anhörung des Komitees für
ausländische Einmischung in die
demokratischen Prozesse der EU: „Was der
Kreml in Richtung Europa tut, läuft auf eine
neue Phase des Kalten Krieges hinaus."
Und: „Vor allem Deutschland steht im Visier
der russischen Attacken."

Der EU-Außenbeauftragte Josep Borrell hat
im Juni 2021 einen Bericht über den Stand
der Beziehungen zu Russland vorgelegt, der
an Deutlichkeit nichts zu wünschen übrig
lässt.

Darin ist die Rede von „böswilligen Aktionen
der russischen Regierung". „Die russische
Führung nutzt eine Vielzahl von
Instrumenten, um die EU und ihre
Mitgliedstaaten sowie die Länder des
westlichen Balkans und der östlichen
Partnerschaft zu beeinflussen, sich in sie
einzumischen, sie zu schwächen oder sogar
zu versuchen, sie zu destabilisieren."

In der Tat deutet viel darauf hin, dass Putin
den Westen destabilisieren möchte. In
Deutschland und Europa ist man zu Recht
zunehmend besorgt.

„Russlands Hochrüstung und seine Kriegs-
führung mitten in Europa haben reale
Bedrohungen geschaffen", so Annegret
Kramp-Karrenbauer.

Die Verteidigungsministerin wirft Russland
unter anderem die Stationierung von
Raketen vor, „die ohne große Vorwarnzeit
Deutschland erreichen können". „Das
geschah gegen geltende Rüstungs-
kontrollverträge und im Geheimen".

Russland hatte 2018 erst nach langem Versteckspiel die Stationierung von „Iskander“-Raketen mit einer Reichweite von 500 km in der Exklave Kaliningrad bestätigt.

Es scheint, als wolle Putin mit militärischer Aufrüstung Russlands Souveränität und Status als Großmacht bewahren und dabei besonders auf zwei Waffen setzen: die Hyperschallrakete Zirkon und die maritime Nukleardrohne Poseidon.

Professor Thomas Jäger warnt in FOCUS-Online eindringlich:

Die maritime Nukleardrohne Poseidon (auch als 2M39 bezeichnet) könne nuklear verseuchte Tsunamiwellen auslösen. Überflutete Gebiete würden unbewohnbar. Zusammen mit Hyperschallraketen – Zirkon oder 3M22 – baue Russland eine neue Phalanx an Abschreckung auf.
Bei ihrem Test 2020 solle Zirkon auf eine Durchschnittsgeschwindigkeit von 6000 km/h gekommen sein.

Sie könne mit einem Nuklearsprengkopf ausgestattet werden. Abwehr dagegen sei derzeit nicht möglich.

Kramp-Karrenbauer wirft Russland vor, "sich immer stärker als illiberaler, antidemokratischer Gegenpol zum Westen" zu definieren. „Von ausgeklügelten Cyberangriffen, Waffenexporten, verdeckter und offener politischer Einflussnahme, Mordanschlägen, direktem und indirektem militärischen Engagement reicht das Spektrum staatlicher Handlungsinstrumente, von denen Russland dabei unzweifelhaft aktiv Gebrauch macht“.

Umso schlimmer war es deshalb, dass wir uns der Partnerschaft mit Amerika unter Präsident Trump nicht mehr sicher sein konnten. Denn der hatte ernste Zweifel am amerikanischen Beistandsversprechen gesät. In seiner Amtszeit ist das Verhältnis zwischen Europa und den USA spürbar abgekühlt. Unter ihm „schien der Anfang vom Ende des Westens angebrochen“, so Margit Hufnagel.

Doch mit Joe Biden sucht Amerika jetzt einen Neuanfang. Wie sehr haben Deutschland und Europa auf diese Botschaft des neuen Präsidenten gewartet, die er auf der Münchner Sicherheitskonferenz 2021 gesendet hat:

„Amerika ist zurück, das transatlantische Bündnis ist zurück." „Ich weiß, die vergangenen Jahre haben unser transatlantisches Bündnis belastet und auf die Probe gestellt. Aber die Vereinigten Staaten sind entschlossen, wieder mit Europa zusammenzuarbeiten."

Ein freies, wohlhabendes und friedliches Europa sei weiterhin ein Kerninteresse der Vereinigten Staaten. Was für eine „Schubumkehr" in der amerikanischen Außenpolitik! Und die war dringend notwendig. Auch und gerade in den Wirtschaftsbeziehungen.

So hatten die USA und die EU fast 20 Jahre lang über Subventionen für Airbus und Boeing gestritten.

Auf dem EU-USA-Gipfel in Brüssel im Juni 2021 hat man sich darauf verständigt, den eskalierten Handelsstreit für fünf Jahre auf Eis zu legen, um eine Lösung finden. Dieses Moratorium darf man mit Fug und Recht als Durchbruch von historischer Dimension bezeichnen.

Dass das gelungen ist, hat wohl auch mit Pekings Versuch zu tun, einen Konkurrenten zu Airbus und Boeing zu etablieren – die Commercial Aircraft Corporation of China (Comac). 2008 gegründet, hat Comac seither massive Finanzspritzen erhalten, wie das Handelsblatt berichtete.

Nach einer groben Schätzung des Center for Strategic and International Studies könnten es zwischen rund 50 und 70 Milliarden US-Dollar gewesen sein. Eine gewaltige Subvention!

„Wir sind uns jahrelang gegenseitig an den Hals gegangen. Das haben andere genutzt, um ihre Industrie aufzubauen", so die US-Handelsbeauftragte Katherine Tai.

Umso erfreulicher deshalb jetzt das Signal der Annäherung von EU und USA! Beide Seiten scheinen darüber hinaus auf dem besten Wege, die Spirale immer weiterer Abgaben auf Produkte des jeweils anderen zum Stillstand zu bringen. Außerdem soll ein Technologie-Rat Standards von morgen für neue Technologien setzen.

Ein weiteres sehr positives Zeichen für die Verbesserung der Beziehungen unter Biden: die Beilegung des jahrelangen Streits über die deutsch-russische Gas-Pipeline Nord Stream 2. Angesichts der konträren Interessenlagen ein klarer Beleg dafür, dass die Vereinigten Staaten und Deutschland ihrer Partnerschaft großes Gewicht beimessen.

Eines indes müssen wir aber auch wissen: Die Revitalisierung der transatlantischen Partnerschaft bedeutet, dass Europa die Interessen der USA künftig ernster nehmen muss.

Vor allem für seinen klaren Kurs gegen China wünscht sich Amerika mehr Unterstützung von Deutschland und Europa.

Die Vereinigten Staaten blicken heute vor allem in Richtung Peking. Washington sieht im Umgang mit dem Reich der Mitte die größte geopolitische Herausforderung und möchte den wachsenden Einfluss Pekings eindämmen. Für die Vereinigten Staaten ist China ein gefährlicher geostrategischer Rivale und Systemkonkurrent.

Demgegenüber scheint es, als habe Deutschland in der Vergangenheit dem Handel mit China häufig Vorrang vor anderen Anliegen eingeräumt.

Heute aber befinden wir uns inmitten eines Epochenwechsels. Und der könnte zu einem Paradigmenwandel führen. Wir sollten stärker als bislang zur Kenntnis nehmen, dass sich China als zunehmend aggressive Autokratie entpuppt und an „globaler Schlagkraft" gewonnen hat.

Dazu hat Angela Merkel auf der Münchner
Sicherheitskonferenz eher diplomatisch
angemerkt: „Dem müssen wir als transatlantisches Bündnis und als Demokratien
der Welt dann auch etwas an Taten
entgegensetzen." Recht hat sie! Nur, was
hat sie damit konkret gemeint?

Eines jedenfalls ist sicher: Die Phase der
„außenpolitischen Sorglosigkeit", die Zeit
der alten geopolitischen Gewissheiten und
lieb gewonnenen Bequemlichkeiten ist
vorbei – und zwar endgültig!

„China first. Die Welt auf dem Weg ins
chinesische Jahrhundert" - so der Titel eines
brillanten Buches von Theo Sommer.
Und er lässt erahnen, wohin die Reise
gehen könnte.

„Empires rise and fall": Wir erleben den
Abstieg des Westens, den Aufstieg Chinas
und Asiens und die Renaissance eines
aggressiven Russlands.

„Wir sind heute in einer Situation, die
labiler und riskanter ist, als es in der Zeit des
Kalten Krieges jemals der Fall war", so Klaus
Naumann, ehemaliger Generalinspekteur
der Bundeswehr, schon vor einiger Zeit.
„Welt in Gefahr" – so der Titel eines Buches
von Wolfgang Ischinger, dem Leiter der
Münchner Sicherheitskonferenz.

Solche Botschaften sollten uns
beunruhigen. Unsere Sicherheit, unser
Wohlstand und unser friedliches
Zusammenleben bleiben bedroht!

Welt von morgen

Die Vorherrschaft der USA geht zu Ende.
Aber werden die Vereinigten Staaten eine
Supermacht bleiben oder absteigen – so wie
andere Mächte davor? Und was bedeutet
überhaupt „Niedergang"?

Der Politikwissenschaftler Yan Xuetong ist
Mitglied der Kommunistischen Partei
Chinas. Seine Auffassung zum „Abstieg"
Amerikas ist allein schon deshalb
interessant:

„Alle Imperien der Geschichte sind
untergegangen, das wird auch in den
nächsten tausend Jahren nicht anders sein.
Führungsmächte durchlaufen drei Phasen:
Aufstieg, Fortbestand und Verfall. Weder
schockiert mich der Niedergang der USA,
noch überrascht er mich. Die Frage ist, wie
er sich entfaltet. Das Vereinigte Königreich
war für lange Zeit die führende Macht der
Welt, und sein Niedergang war sehr
langsam, er dauerte mehrere Jahrzehnte.

Die Sowjetunion zersprang wie ein Glas, das auf den Boden fällt. Ich denke, der Niedergang der USA wird eher nach dem Beispiel Großbritanniens ablaufen.“

Der „Niedergang“ der „neuen Welt“: Nur chinesisches Wunschdenken oder auch geopolitische Wirklichkeit?

Dass die Hegemonie Amerikas schwindet, ist nicht zu bestreiten. Aber viel spricht dafür, dass die USA für die überschaubare Zukunft Supermacht bleiben werden. Und auch eine Macht, die uns wertemäßig viel näher steht als China oder Russland!

Viel spricht aber auch dafür, dass sich der Aufstieg Chinas zunächst unaufhaltsam fortsetzen wird. Noch 1990 hatte China einen Anteil von 2 Prozent am globalen Bruttoinlandsprodukt. Heute liegt die Volksrepublik bei über 18 Prozent. Das Bruttoinlandsprodukt Chinas ist von knapp 400 Milliarden US-Dollar im Jahr 1990 auf knapp 15 Billionen US-Dollar im Jahr 2020 gestiegen.

Damit ist China zur zweitgrößten Volks-
wirtschaft aufgestiegen.

China– nur eine Werkbank der Welt? Das
war gestern! China heute und morgen steht
vor allem für Technologieführerschaft, für
Innovation und für eine globale
Wachstumsstrategie. Beim Ziel, die
kommende Supermacht zu werden, geht die
chinesische Führung konsequent und klug
vor. Nach innen gibt sie sich repressiv und
unnachgiebig, nach außen aggressiv,
zugleich aber auch sehr subtil und
geschmeidig.

Zu denen in Deutschland, die das in der
ganzen Tragweite erkennen und die nicht
müde werden, vor einer unangebrachten
Naivität gegenüber der Führung Chinas zu
warnen, gehört Norbert Röttgen:

„China verfolgt in Deutschland und anderen
Teilen der Welt eine strategische Soft-
power-Politik.“ „Vieles geschieht subtil und
subkutan. Aber in der Summe kommt dann
einiges zusammen.

Man kriegt einen Fuß in die Tür, nimmt Einfluss und schafft bei Bedarf Abhängigkeiten."

Wer daran noch Zweifel hat, dem empfehle ich ein Buch zur Lektüre: „Die lautlose Eroberung: Wie China westliche Demokratien unterwandert und die Welt neu ordnet". Ein „Thriller", der noch tiefer unter die Haut geht als „Psycho" von Alfred Hitchcock!

Ein wichtiger Eckpfeiler chinesischer Politik sind Propaganda nach innen und Beeinflussung der Berichterstattung in den westlichen Medien.

So würden chinesische Medienunternehmen in die Spur geschickt, um ausländische, auch deutsche Medien zu „unterwandern", weiß die Sinologin Mareike Ohlberg.

Wie konsequent aber die Kommunistische Partei in China selbst agiert, das belegt eine dpa-Meldung von Anfang März 2021:

„China geht laut einer Umfrage immer schärfer gegen die Arbeit ausländischer Journalisten vor. In einer jährlichen Befragung, deren Ergebnisse der Auslandskorrespondentenclub (FCCC) am Montag in Peking vorlegte, habe das dritte Jahr in Folge kein einziger China-Korrespondent angegeben, dass sich seine Arbeitsbedingungen verbessert hätten. Chinas Behörden hätten ihre Bemühungen, die Arbeit ausländischer Reporter zu vereiteln, „dramatisch verstärkt". ... Besonders betroffen waren Journalisten aus Staaten mit angespannten Beziehungen zu China."

Das kann kaum mehr überraschen. Wenigen aber scheint bislang klar, dass China bereits mitten unter uns mit immer härteren Bandagen arbeitet.

Es scheint fast, als seien Oppositionelle aus Hongkong selbst bei uns nicht länger sicher vor Pekings „Sicherheitsgesetz".

Medienberichten zufolge hat das Bundesinnenministerium angegeben, dass seit Beginn der Proteste in Hongkong „vermehrt Versuche staatlicher chinesischer Akteure in Deutschland festgestellt werden, die öffentliche Wahrnehmung der Geschehnisse im Sinne der chinesischen Regierung zu beeinflussen, so auch mittels eines Vorgehens gegen Unterstützer der Protestbewegung".

So würden Solidaritätsveranstaltungen „sowohl im öffentlichen Raum als auch online in mehreren Fällen durch regimetreue Auslandschinesen systematisch gestört". Teilnehmer einer Kundgebung im August 2019 in Hamburg seien von Gegendemonstranten „mutmaßlich zum Zwecke der Einschüchterung" fotografiert und gefilmt worden.

Wie chinesische Einflussnahme auch aussehen kann, ahnt man nach Lektüre des Artikels „Wie die Türkei ihre Bürger impft" von Bülent Mumay vor einigen Monaten in FAZ-Online:

„Interessante Zufälle erlebten wir auch bei dem Import der Vakzine aus China. Die erste Lieferung von 1,5 Millionen Dosen kam einige Tage nach dem angekündigten Datum an. Welch ein Zufall: Unmittelbar vor der Landung des Flugzeugs mit dem Impfstoff auf dem Istanbuler Flughafen wurde dem Parlament ein Gesetz zur Abschiebung in der Türkei lebender Uiguren nach China vorgelegt. Die Kette der Zufälle geht weiter. Erdogan erklärte, die zweite Lieferung mit zehn Millionen Dosen käme innerhalb weniger Tage. Auch sie verzögerte sich. Es ist natürliche reiner Zufall, dass, während wir auf den Impfstoff warteten, einige der Uiguren, die Verwandte in chinesischen Lagern haben, in Istanbul festgenommen wurden. Anschließend kam die zweite Lieferung. Allerdings nicht 10 Millionen, sondern 6,5 Millionen Dosen. Offenbar reichte die Anzahl der Festnahmen China nicht.“

Dieser „Brief aus Istanbul“ macht betroffen, auch wenn er von „Zufällen“ spricht.

Kein Zufall aber ist, dass chinesische
Unternehmen im Nahen Osten milliarden-
schwere Infrastrukturprojekte wie
Flughäfen und Eisenbahnlinien bauen, wie
Handelsblatt-Online berichtet hat. Als
„Scharnier" sei diese Region für ein
gewaltiges chinesisches Zukunftsprojekt
besonders bedeutsam: dem strategischen
Plan für eine „Neue Seidenstraße".

Mit dieser Initiative, auch „One Belt, one
Road" genannt, treibt die Volksrepublik
China seit 2013 gigantische Investitionen in
den Auf- und Ausbau interkontinentaler
Handels- und Infrastrukturnetze zwischen
China sowie Ländern Asiens, Afrikas und
Europas voran. Die Botschaft lautet: Alle
Wege führen nach Peking!

Die Volksrepublik ist hier geschickt in ein
strategisches Vakuum vorgestoßen, auch
deshalb, weil sich die Weltbank und andere
multilaterale Finanzinstitutionen nicht
selten als zu schwerfällig erwiesen haben
sollen.

Vor allem Entwicklungsländer suchen eher nach Partnern mit „Ready to go"-Angeboten. China hat sich hier als ein solcher Partner ins Spiel gebracht: Es bietet ärmeren Ländern Kredite zum Bau ihrer Infrastrukturen an. Etwa 60 Länder haben sich darauf eingelassen. Zu ihnen gehört Sri Lanka. Es hat „schlüsselfertige" Kredite angenommen, um im Süden der Insel einen großen Hafen zu bauen.

Doch es zeigte sich, dass das Land die viel zu teuren Kredite nicht zurückzahlen konnte. China hat daraufhin einen neuen Vertrag und eine Umschuldung angeboten. Aber anstatt Geld zu nehmen, hat Peking für 99 Jahre die Hafenaktivitäten übernommen. Sri Lanka hat also einen Teil seiner Hoheit über wichtige Infrastrukturen aufgeben. Und es scheint, als sei aus dem „chinesischen Traum" für die Bevölkerung Sri Lankas eher ein „Albtraum" geworden.

Das Reich der Mitte indes hat seinen Weg nach Europa fortgesetzt, wenn auch mit anderen Verträgen und Praktiken.

Es hat zunächst strategisch wichtige
Infrastrukturen wie den Hafen von Piräus
und einen Teil des Flughafens von Toulouse
gekauft. 2018 habe China bereits 10 Prozent
der europäischen Hafenaktivitäten
kontrolliert, so ein Bericht von arte. Für
einige Staaten habe sich die wirtschaftliche
Abhängigkeit bereits in eine politische
verwandelt. Das bekomme auch die
Europäische Union zu spüren. Griechenland
sei zu Xi Jinpings erstem „trojanischen
Pferd" in der EU geworden.

Anfang 2018 konnte Europa dem UN-
Menschenrechtsrat erstmals keinen
Jahresbericht zur Lage der Menschenrechte
in China vorlegen, weil Griechenland sein
Veto eingelegt hatte.

Treuester Verbündeter von Xi Jinping in
Europa scheint aber Viktor Orban zu sein.
Der stellt sich regelmäßig gegen
gemeinsame Erklärungen der EU, die
Menschenrechtsverletzungen durch das
chinesische Regime anprangern.

2024 soll die erste chinesische Universität
auf europäischem Boden in Ungarn eröffnet
werden.

„Angesichts ihrer großen wirtschaftlichen
Abhängigkeit von China haben Länder wie
Ungarn und Griechenland … der EU in Bezug
auf Menschenrechtsfragen oder Taiwan …
die Solidarität gekündigt und sich in
besorgniserregender Weise China
angenähert" (Cabestan).

Noch ein Beispiel dafür, wie groß der
politische Einfluss Chinas auf die EU bereits
heute ist:

Emmanuel Macron wirbt 2017 beim
Europäischen Rat für ein Gesetz zum Schutz
wichtiger europäischer Unternehmen vor
chinesischen Übernahmen. Da - so Pierre
Haski, Präsident von Reporter ohne
Grenzen, in arte - „bekam er es mit dem
portugiesischen Premierminister zu tun,
einem Sozialisten, der gegen diesen Plan
wetterte.

Hinterher ging er zu ihm und sagte: Ich hätte nie geglaubt, dass ich eines Tages die europäischen Arbeiter gegen einen Sozialisten verteidigen muss. Der portugiesische Premierminister antwortete ihm: Als Portugal in der Schuldenfalle saß, wer hat diese Unternehmen aufgekauft? Die Chinesen! Und er setzte hinzu: Daher sind wir heute gezwungen, China zu schützen."

Stein Ringen von der Universität Oxford fasst Chinas Position so zusammen: „Sie können ihre Wirtschaftsmacht also nutzen, um Kritik an ihrem eigenen Regime zu verhindern. Was sie exportieren möchten, ist Einfluss! Und Ihr wichtigstes Ziel ist Schweigen. Sie wollen aber nicht nur unangenehme Kritik unterbinden, sondern wünschen sich auch Zustimmung zu ihrer internationalen Politik."

Peking hat mit hundert Ländern Belt-and-Road-Projekte vereinbart.

Neben dem Bau von Zugstrecken, Straßen und Häfen soll Peking auch Überwachungstechnologie exportieren. Die Seidenstraße reicht bis weit nach Europa, einer ihrer Endpunkte ist der Duisburger Hafen.

Den Datenanalysten von Refinitiv zufolge sind weltweit mehr als 2.600 Projekte mit einem Volumen von 3,7 Billionen US-Dollar mit der Initiative verbunden.

„Was wir erschaffen wollen", verkündete der chinesische Staats- und Parteichef Xi Jinping 2017, „ist eine große Familie der harmonischen Koexistenz." Diese Worte berühren.

Aber um Missverständnissen vorzubeugen: Tatsächlich geht es weniger um „familiäre" Infrastrukturhilfen, sondern, wie bereits gezeigt, eher darum, ökonomische, finanzielle und politische Abhängigkeiten zu schaffen. Es geht um: Großmachtpolitik!

Das Seidenstraßen Projekt, beispiellos in der Geschichte der Menschheit, ist Teil der großen Strategie Chinas, die USA zu umgehen und deren Einflussbereich nach und nach auszuhöhlen.

China versucht, die Welt ihren eigenen, autoritär-kapitalistischen Vorstellungen anzupassen. Peking schafft parallel zu etablierten multilateralen Institutionen „sinozentrische Strukturen". Es nutzt die Seidenstraßen-Initiative, um politischen Einfluss auszudehnen und globale Standards und Normen nach eigener Vorstellung zu prägen.

Weltweit hat China nach Informationen des Instituts für Weltwirtschaft allein zwischen 2013 und 2019 für rund 730 Milliarden Dollar investiert oder Baukontrakte abgeschlossen. Nach Einschätzung vieler Experten erfolgen diese Investitionen in der Regel ohne große Rücksicht auf Menschenrechte, Arbeitsnormen und den Schutz der Umwelt.

„Staaten, die in Chinas Orbit geraten sind, werden zu Vasallen, Kreditnehmer zu Bittstellern", warnt etwa Reinhard Bütikofer, Vorsitzender der China-Delegation des Europaparlaments.

Heute werden Stimmen lauter, die das Projekt weniger als Bereicherung, sondern eher als Bedrohung sehen. Als Bedrohung auch der westlichen Kultur.

Dazu gehört Sigmar Gabriel, der schon Anfang 2018 auf der Münchner Sicherheitskonferenz sagte: „Die Initiative für eine Neue Seidenstraße ... steht für den Versuch, ein umfassendes System zur Prägung der Welt im chinesischen Interesse zu etablieren. Dabei geht es längst nicht mehr nur um Wirtschaft. China entwickelt eine umfassende Systemalternative zum Westen, die nicht wie unser Modell auf Freiheit, Demokratie und individuellen Menschenrechten gründet."

Als Konsequenz aus dieser Sicht der Dinge wollen die führenden westlichen Industrie-

staaten mit einer „globalen Infrastruktur-
partnerschaft" beziehungsweise der
Initiative „Build Back Better World" (B3W)
Chinas Seidenstraßen-Initiative kontern. Ein
wegweisender Ansatz!

Denn so viel steht fest: Würde der Westen
weiterhin die Augen vor Chinas imperialer
Politik verschließen, käme er bald noch sehr
viel stärker in die Defensive.

In einem „Worst-Case"-Szenario könnte die
Neue Seidenstraße

- mit dem Lockangebot an den alten
  Kontinent, am größten Binnenmarkt
  der Erde teilzuhaben, die
  europäische Sicherheit von der
  amerikanischen abkoppeln und so

- europäische Staaten langfristig zu
  „Vasallen" Chinas machen.

Wie wahrscheinlich ist aber ein solches
Szenario? Aufschlussreich ist ein Statement
von Jean-Pierre Raffarin:

„Durch das Seidenstraßen-Projekt soll ein
Kontinent entstehen: Eurasien. Im Grunde
handelt es sich um eine Partnerschaft
zwischen Asien und Europa. Die
Seidenstraße ist das Rückgrat dieses neuen
Kontinents. Amerika war lange der
Mittelpunkt der Welt. Aber jetzt muss
Eurasien der Mittelpunkt der Welt werden.
Es gibt ein chinesisches Sprichwort …: Wer
Europa besitzt, dem gehört die Welt." Eine
beängstigende Perspektive!

Aber selbst dann, wenn man die
Wahrscheinlichkeit für ein solches Szenario
derzeit für nicht besonders groß hält, sollte
sich die EU immer bewusst bleiben, wie naiv
es wäre, die USA vor den Kopf zu stoßen
und geopolitisch zu isolieren.

Europa Hand in Hand mit China - ohne den
Schutz der USA: Das wäre eine wirklich
verhängnisvolle Affäre!

Chinas Auftreten wird immer
selbstbewusster. Noch zu Beginn der
1990er Jahre war China in

sicherheitspolitischer Hinsicht bescheiden –
ganz einfach, weil es schwach war. Als die
USA in der Taiwanstraßenkrise Mitte der
1990er Jahre zwei Flugzeugträgergruppen in
das Konfliktgebiet entsandten, gab China
sofort nach.

Ganz anders heute. So hat etwa Chinas
Außenminister Wang Yi während der
Jahrestagung des Volkskongresses 2021 die
USA gewarnt: Das Ein-China-Prinzip sei eine
„rote Linie, die nicht überschritten werden
sollte". Washington müsse seine offiziellen
Kontakte zu Taiwan einstellen und dürfe
sich nicht in „innere Angelegenheiten"
einmischen.

Schon viel früher hat China gegen jeden
Protest der Staaten Ostasiens und gegen
jeden Widerspruch der internationalen
Gerichtsbarkeit Inselaufschüttungen im
Südchinesischen Meer durchgesetzt, die
auch militärisch genutzt werden. Zudem
verfügt China in Dschibuti über einen
militärisch nutzbaren Hafen.

Damit hat Peking die Reichweite seiner
Seestreitkräfte erheblich ausgebaut.
Und es ist nicht anzunehmen, dass Pekings
Ambitionen am Horn von Afrika enden!

Nachdenklich stimmen sollte auch das
Ergebnis einer Studie des United States
Studies Centre an der australischen
Universität Sydney. Danach könnte China
die USA und ihre Verbündeten im
indopazifischen Raum in kurzer Zeit
„überrollen".

Ob der Aufstieg Chinas allerdings wirklich
dauerhaft ist, das ist längst nicht sicher.
Jedenfalls lässt sich die bisherige
Entwicklung nicht einfach linear in die
Zukunft projizieren. Gibt es doch auch
Faktoren, die die weitere Entwicklung des
Landes in eine andere Richtung lenken
könnten:

etwa eine Luftverschmutzung, die die
Sterblichkeit signifikant erhöht, schlechte
Arbeitsbedingungen, Wanderarbeiter, hohe
Verschuldung der Unternehmen und damit

eine ebenso hohe Krisenanfälligkeit und eine zunehmend kritische Haltung von Handelspartnern.

Und auch Klaus Mühlhahn gießt der Führung Pekings Wasser in den Wein: „China ist mit gewaltigen Gegensätzen konfrontiert: Auf der einen Seite befindet sich eine leninistische Einparteienstruktur, der auf der anderen eine extrem diverse Gesellschaft gegenübersteht. Nehmen wir allein die stetig steigende Zahl von Milliardären in China. Diese Superreichen sind eine enorme Herausforderung für die Kommunistische Partei.“

„Von ihren Gründungsprinzipien hat sich die Kommunistische Partei sehr weit entfernt. Im Gegenteil, im Land herrscht heute eine riesige soziale Ungleichheit. In wenigen anderen Staaten der Erde sind Arbeitnehmerrechte so schwach ausgeprägt wie in China.“

„Die heutige Kommunistische Partei ist nicht so homogen, wie es scheinen mag.

Es existieren beispielsweise linke Strömungen in der Partei, die die Ausbeutung der Arbeiter kritisieren. Und auch in der Gesellschaft gibt es viele Stimmen, die die aktuelle Entwicklung kritisch sehen."

Trotzdem: Chinas Aufstieg ist atemberaubend. Das Reich der Mitte beansprucht den Rang einer außenpolitischen Großmacht!

Die vor uns liegende Zeit wird geprägt sein durch

- eine Verschiebung des geopolitischen Machtzentrums weg vom atlantischen hin zum pazifischen Raum,

- einen Abstieg Europas – wenn es sich nicht fundamental erneuert,

- einen endgültigen Aufstieg Chinas zur Weltmacht

- und eine Rivalität zwischen China und Amerika – wirtschaftlich und technologisch, militärisch und politisch. Eine Rivalität um Macht, Einfluss und Vorherrschaft im 21. Jahrhundert.

Wie aber werden die alte und die neue Supermacht mit diesem Wettbewerb umgehen? Das ist die alles entscheidende Frage!

Kommt es am Ende gar zu einem Krieg? Eine abwegige Vorstellung? Nun, wir wissen aus der Geschichte, dass die Kriegsgefahr wächst, wenn eine Macht die andere überflügelt. Die schwindende Hegemonie der USA und der Aufstieg Chinas könnten eine solche Gefahr heraufbeschwören.

Der Bestseller von Graham Allison wirft ein Scheinwerferlicht auf diese Konstellation: „Destined for War: Can America and China Escape Thucydides´s Trap?“

Henry Kissinger hat schon seit Längerem vor militärischen Auseinandersetzungen gewarnt. Jetzt aber sendet der amtierende amerikanische Präsident Signale, die Europa alarmieren müssen.

Vor dem Hintergrund nie dagewesener Cyberangriffe aus China hat er - einem Artikel von Handelsblatt-Online zufolge - beim Besuch des Büros des Leiters des nationalen Nachrichtendienstes ODNI im Juli 2021 eine Warnung ausgesprochen:

„Ich denke, es ist mehr als wahrscheinlich, dass wir in einem Krieg enden werden – einem echten Krieg mit einer Großmacht – als Folge eines Cyberangriffs von großer Tragweite, und die Wahrscheinlichkeit nimmt exponentiell zu."

Diese Warnung ist ein Weckruf, zumal Xi Jinping wirklich alles tut, um China in zwei Jahrzehnten zur stärksten Militärmacht der Erde zu entwickeln. Alarmstufe Rot für Europa!

Das bedeutet nicht, dass die sino-amerikanische Rivalität in den nächsten Jahren automatisch in einen „heißen Krieg" münden müsste. Aber es scheint, als sei die Lage mehr als ernst. Viel hängt davon ab, welche Rolle Europa im Wettstreit der Supermächte spielen wird: Wird es die alte Supermacht durch eine Hinwendung zur neuen isolieren oder aber durch einen umfassenden Schulterschluss stärken?

Ein Hauptfeld der Auseinandersetzung zwischen Peking und Washington liegt im indopazifischen Raum und darin, wer in Asien die regionale Hegemonie ausübt. Dabei geht es auch für Europa um freie Seewege, Transportkosten und wirtschaftliche Wettbewerbsfähigkeit.

Marco Overhaus hat diesen Konflikt klar konturiert: Der Status von Taiwan, Pekings Expansionskurs im Süd- und Ostchinesischen Meer sowie die amerikanische Militärpräsenz und Bündnispolitik würden zu den wichtigsten Streitpunkten zählen.

Die US-Regierung fürchte, dass China seine ökonomische und militärische Stärke nutze, um einen exklusiven Einflussbereich aufzubauen. Sie hielte dagegen, indem sie gleichgesinnte Partnerregierungen mobilisieren würde. Die Volksrepublik investiere gezielt in Kapazitäten, die ihre Optionen zur Kriegsführung verbessere, Amerikas Machtprojektions- und Operationsfähigkeiten beschneide und die eigene Nuklearabschreckung gegenüber den USA stärke.

Diese Einschätzung von Marco Overhaus sollte nachdenklich machen. Auch Professor Mühlhahn macht die Situation im Südchinesischen Meer große Sorgen: „Für Chinas Nachbarstaaten hat sich die Bedrohungslage in den letzten Jahren verschärft. In einem besonderen Maße gilt das für Taiwan, das Peking als abtrünnige Provinz betrachtet."

Xi Jinping hat die taiwanesische Regierung gewarnt: „Die Wiedervereinigung ist eine historische Aufgabe."

„Wir schließen Gewaltanwendung nicht aus
und behalten uns das Recht vor, alle
nötigen Optionen zu nutzen.“ Keine leere
Drohung!

Antoine Bondaz erklärt das so: „Die
Vereinigung mit Taiwan ist für Xi Jinping
unerlässlich. Dieses Ziel steht inzwischen im
Zentrum des nationalen Narratives, das die
Kommunistische Partei verbreitet.“ Und
weiter: „Taiwan ist für die chinesische KP
ein unerträgliches Gegenmodell. Es ist der
Beweis für alle Chinesen, dass eine andere
Zukunft, ein anderes politisches System und
die Demokratisierung einer chinesischen
Gesellschaft möglich sind.“

„Seit seinem Amtsantritt 2013 ringt Xi
Jinping mit innerparteilichen Widersachern
und einer Gesellschaft, in der die Partei die
Kontrolle zu verlieren drohte. Deshalb heizt
er außenpolitische Konflikte an. Mit seinem
aggressiven Vorgehen will er Stärke
demonstrieren, dadurch wird China
unberechenbar“, so Mühlhahn.

Das sehen längst auch amerikanische
Militärs so, etwa Philip Davidson,
Kommandant der US-Streitkräfte im
Indopazifik. Er konstatiert mit Blick auf
Pekings Pläne: „Taiwan ist zweifellos eine
ihrer Ambitionen. Das zeigt nicht nur die
Zahl der vor Ort stationierten Schiffe,
Flugzeuge und Raketen, sondern auch die
Art, wie sie damit vorrücken. Die Bedrohung
wird sich noch in diesem Jahrzehnt zeigen,
in den nächsten sechs Jahren."

Die USA haben sich 1979 selbst verpflichtet,
Taiwan im Falle einer chinesischen Invasion
zu schützen. Damit kann kein Zweifel
bestehen: Im Indopazifik droht eine
Verschärfung der Konfrontation zwischen
den beiden Supermächten dieses
Jahrhunderts!

Washington will Pekings geopolitischen
Ambitionen mit einer amerikanisch-
asiatisch-europäischen Allianz der
Demokratien entgegentreten.

Das G7-Treffen in Cornwall im Juni 2021 sei wohl „der erste Gipfel einer Anti-China-Koalition" gewesen, so Heribert Dieter in einem SWP-Aktuell. Er markiere einen „Wendepunkt in den internationalen Beziehungen des 21. Jahrhunderts".

Längst schwinden allerletzte Zweifel: Pekings totalitäre Diktatur und globaler Machtanspruch – mit einer immer aggressiveren Außenpolitik, einer imperialen Strategie und dem kontinuierlichen Ausbau des eigenen Einflusses - bedrohen nicht nur die USA, sondern die gesamte westliche Welt!

Oder mit den Worten von Friedrich Merz (FOCUS-Online, 5. Juli 2021): „China ist unter der gegenwärtigen Führung der KP eine ernsthafte Bedrohung der Freiheit und des Friedens auf der Welt."

Aber wie sollte eine gemeinsame China-Strategie aussehen? Sollte sie auf Konfrontation und Konflikt oder auf Kooperation und Wettbewerb setzen?

Auf Kooperation durch Verhandlungen mit
dem Ziel, einen Interessenausgleich und
einen fairen Wettbewerb zu ermöglichen?
Oder auf eine harte Konfrontation?
Oder auf eine Mischung aus beidem?

Natürlich wäre eine faire Kooperation auf
Augenhöhe die geopolitische Goldwährung.
Allein schon deshalb, weil sich die großen
Bedrohungen der Menschheit nur durch
global abgestimmte Maßnahmen abwehren
lassen. Dazu gehören neben dem
Klimaschutz und der
Atomwaffenbegrenzung und -kontrolle
auch Strategien gegen Fehlentwicklungen
etwa bei KI und Biotechnologie.

Aber eine faire und verlässliche Kooperation
wird wohl eine Illusion bleiben. Peking
strebt nach Dominanz und Vorherrschaft in
der Welt und akzeptiert auf Dauer nur
Unterordnung. Alle Formen der
Kooperation stehen unter dem
Generalvorbehalt gegenüber der Führung
Chinas: „Don´t trust them"!

Das wahre Gesicht der chinesischen
Staatsführung erkennt man nicht an ihren
Worten, sondern an ihren Taten. Und die
geben viel zu häufig Anlass zu Misstrauen.

Also Konfrontation? Eine Strategie der
„Daumenschrauben", der roten Linien und
Sanktionen? Oder zunächst Konfrontation,
um eine Position der Stärke zu erlangen, aus
der heraus dann, in einem zweiten Schritt,
eine belastbare Kooperation mit China
möglich wird?

Für eine solche „Doppelstrategie" von
Konfrontation und Kooperation spricht
jedenfalls, dass Chinas Führung
Demokratien heute nicht besonders ernst
zu nehmen und einen ebenso einfachen wie
egoistischen Kurs zu steuern scheint: China
first!

Wie der Kampf der Supermächte strategisch
verlaufen wird, kann heute niemand
vorhersehen.

Gerade deshalb aber sollte der Westen auf eine eskalierende Konfrontation, ja sogar auf einen neuen Kalten Krieg vorbereitet sein!

Si vis pacem para bellum? Jedenfalls gilt, was Friedrich Merz fordert: „Wir dürfen uns nicht einschüchtern lassen!"

In der neuen Weltordnung mit China und seinen alliierten Autokratien auf der einen Seite werden sich Demokratien auf der anderen Seite nur gemeinsam behaupten können: Europa, Nordamerika und Staaten wie Indien, Japan, Südkorea, Neuseeland und Australien müssen politisch und wirtschaftlich, technologisch und militärisch eng zusammenarbeiten.

Nur dann haben Menschenrechte auf diesem Planeten eine Zukunft. Und nur dann passiert nicht auf der ganzen Welt, was wir heute etwa in Hongkong und Xinjiang sehen müssen.

Die Nato und der als „pazifische Nato“
bezeichnete „quadrilaterale
Sicherheitsdialog“ (Australien, Indien, Japan
und die USA) sind in diesem Kampf der
Demokratien zentrale Formate, die
vielleicht noch besser verzahnt und um
weitere Verbündete ergänzt werden
könnten!

Der Westen sollte einen von Prinzipien
geleiteten Kurs verfolgen, der aber auch
pragmatische Entscheidungen zulässt.

Ganz besonders ist Pragmatismus in
unserem Verhältnis zu Russland gefragt.
Denn das ist gewiss als schwierig zu
bezeichnen.

Ein wichtiger Grund dafür sind die
machtpolitischen Ambitionen Moskaus und
das russische Denken in Einflusssphären.
Beunruhigend ist die weitere
Modernisierung der russischen Streitkräfte.
So investiert Moskau in luft- und
seegestützte Marschflugkörper und kann
Machtprojektion glaubhaft betreiben.

Bereits Ende 2017 äußerte der Präsident des Bundesnachrichtendienstes auf einer Veranstaltung der Hanns-Seidel-Stiftung in München, dass erstaunliche Fortschritte bei Ausrüstung und Führungsfähigkeit beobachtet werden könnten.

Russland versucht ganz offensichtlich, seine Führungsrolle auf dem europäischen Kontinent zurückzugewinnen. Dazu will es die EU schwächen, die USA zurückdrängen und einen Keil zwischen beide treiben.

Nach Ansicht des ehemaligen beigeordneten Generalsekretärs der Nato, Heinrich Brauß, bereitet sich Russland auf „regionale Kriege in Europa" vor. Und Stefan Fröhlich, Professor für internationale Beziehungen an der Friedrich-Alexander-Universität Erlangen-Nürnberg, hat darauf hingewiesen, dass nach der russischen Militärstrategie die Möglichkeit einer regionalen Konfrontation in Europa auch mit Nuklearwaffen zu denken sei. Eine mehr als beunruhigende Perspektive!

Für die europäische Sicherheit bleibt
Russland eine potenzielle Gefahr. Moskau
wird auch in Zukunft eine „unbequeme
Macht" bleiben. Dies sollte der Westen sehr
realistisch sehen. Gerade deshalb ist es aber
auch so wichtig, den Dialog mit Russland
wieder zu verstärken und auf „vernünftige"
Wirtschaftsbeziehungen zu setzen.

Aus diesem Grund war es ein positives
Signal, dass sich US-Präsident Biden und
Russlands Staatschef Putin im Juni 2021 in
Genf getroffen haben und scheinbar wieder
ins Gespräch gekommen sind.

War das der „Anfang von Rückkehr
diplomatischer Normalität" (Norbert
Röttgen)? Es ist zu hoffen!

Aus Gegnern werden nicht über Nacht
Freunde. Aber auch Gegner können ein
gemeinsames Interesse an Verlässlichkeit
und „strategischer Stabilität" haben.
Immerhin verfügen Russland und die
Vereinigten Staaten zusammen über 90
Prozent der weltweiten Atomwaffen.

Da liegt es doch nahe, bei allen Unterschieden, über offene Gesprächskanäle zu verfügen.

Ähnlich scheint das Josep Borrell zu sehen, der in seinem Bericht über den Stand der Beziehungen zu Russland empfiehlt: „Unser Bestreben sollte es sein, Wege zu erkunden, die dazu beitragen könnten, die derzeitige Dynamik allmählich in ein berechenbares und stabileres Verhältnis zu verwandeln."

Schließlich hätten Moskau und die EU vielfältige gemeinsame Interessen. Als Beispiele genannt werden Gesundheit (Pandemie), Klimaschutz, Kampf gegen den Terrorismus sowie die Lösung der Konflikte im Nahen Osten, in Libyen und Afghanistan.

Mit großer Dringlichkeit sollte die Nato mit Russland aber auch über Atomwaffen und deren Begrenzung reden. Nicht zuletzt deshalb, weil Russland über Waffen der neuesten Generation verfügt, die USA derzeit aber scheinbar noch nicht.

Von noch grundlegenderer Bedeutung aber ist die Rolle Russlands im Wettstreit der Supermächte. Kann der Westen riskieren, Russland ohne Not in die Arme Chinas zu treiben?

Das wäre extrem kurzsichtig und könnte die geostrategische Position des Westens in der Konfrontation mit dem Reich der Mitte empfindlich schwächen. Russlands Hightech-Waffen kombiniert mit Chinas Wirtschaftsmacht: Ein Szenario, das der Westen unbedingt vermeiden sollte!

Russland und China halten schon jetzt gemeinsame Manöver ab, wollen wohl gemeinsam eine Mondbasis errichten (International Lunar Research Station, ILRS) und votieren abgestimmt im UN-Sicherheitsrat.

Andererseits scheint sich Moskau aber auch der Gefahr sehr bewusst zu sein, auf Dauer zum „Vasallen" Chinas werden zu können.

„Historisch haben sich Russland und China immer misstraut. Ich sehe keine Anhaltspunkte dafür, dass sich das ändert", so China-Experte Mühlhahn.

Und weiter: „Es existieren zahlreiche Konflikte zwischen den beiden Ländern. So hat Russland beispielsweise seine Grenze in Sibirien gegenüber chinesischer Einwanderung abgeriegelt. Für China sind die Landstriche ein riesiger, ungenutzter Raum. Russland hingegen fürchtet die Einflussnahme Chinas und die Wirtschaftsmacht seines großen Nachbarstaates."

Auch wenn Putin und Xi Jinping keine Liebesheirat planen: Der Westen sollte die Brücken nach Moskau nicht vollends abbrechen. Im Gegenteil, wir sollten sogar ernsthaft darüber nachdenken, die Organisation für Sicherheit und Zusammenarbeit in Europa für den Dialog mit Russland stärker zu nutzen!

Im Übrigen: Die Welt ist in Disruption. Wer
wollte da schon ausschließen, dass es
künftig ein reformiertes Russland geben
könnte – mit neuen Chancen auch für eine
Renaissance einer strategischen
Partnerschaft mit der Europäischen Union?

Wie kann Europa in der unsicheren Welt von morgen bestehen?

Europa ist auf die Welt von morgen alles andere als optimal vorbereitet. Zwar geht es dem alten Kontinent noch gut: Wir leben in Frieden, Freiheit und Wohlstand. Nur, wird das so bleiben? In der derzeitigen Verfassung der Europäischen Union stehen die Chancen dafür angesichts wachsender Herausforderungen und zunehmender Bedrohungslagen eher schlecht.

Sigmar Gabriel hat es auf den Punkt gebracht: „Wir Europäer werden von vielen anderen Regionen der Welt als reich, aber schwach angesehen."

Eine solche Einschätzung könnte Begehrlichkeiten wecken. Und müsste uns zu denken geben.

Genauso wie ehrliche Antworten etwa auf folgende Fragen:

- Weiß Europa überhaupt, wohin es will?

- Will Europa eine Stabilitätsunion sein? Oder will es den Weg in eine Transfer- und Schuldenunion weitergehen – gar mit dem Ergebnis, sich zu einer Inflationsgemeinschaft zu entwickeln?

„Die Stabilität des Euro beruht auf zwei Säulen, dem Stabilitätspakt und einer soliden Geldpolitik. Eine Kontrolle dieser Pfeiler zeigt Risse, die schnell tiefer werden könnten: überschuldete Staaten und eine ultralockere Geldpolitik. Doch anstatt notwendige Reparaturen vorzunehmen, schickt Europa die Kontrolleure nach Hause. Inflationsziel und Stabilitätspakt werden weicher. Auf "Nachfrage" nach dem Zustand des Bauwerkes reagiert Brüssel harsch mit einem Vertragsverletzungsverfahren.

Und Frankfurt scheint Probleme
kleinreden zu wollen"
(Leserkommentar in Handelsblatt-
Online vom 19. Juli 2021).

- Kann Europa Migration nachhaltig
  bewältigen, oder droht es daran zu
  zerbrechen? Heute, 70 Jahre nach
  Verabschiedung der Genfer
  Flüchtlingskonvention, erwarten
  Experten wieder anschwellende
  Flüchtlingsströme. Ist die EU darauf
  wirklich besser vorbereitet, als sie
  es 2015 war, als über eine Millionen
  Menschen nach Europa flohen?
  Nach 2015 hat sich Europa fest
  vorgenommen, Fluchtursachen zu
  bekämpfen. Aber was ist daraus
  geworden? Dazu Magdalena
  Kirchner, Afghanistan-Direktorin der
  Friedrich-Ebert-Stiftung, sehr
  nüchtern: „Da ist nicht viel
  passiert."

- Welche Rolle will die EU im
  Wettbewerb der Systeme spielen:

eine bedeutsame oder eine untergeordnete?

- Wollen und können wir die Entwicklung der digitalen Welt beeinflussen und die Freiheit des Einzelnen gegen eine globale „Digitaldiktatur" verteidigen?

- Kann Europa eine global faire Klimaschutzpolitik durchsetzen? Oder gefährdet es seine Zukunft als Industriestandort und gerät gegenüber China und den USA ins Hintertreffen? Erkennt es überhaupt in aller notwendigen Klarheit, dass Klimapolitik auch Geopolitik ist?

- Kann die EU die Konflikte zwischen ihren Mitgliedern noch ausbalancieren? Oder jagt sie, salopp gesprochen, den ganzen Laden in die Luft? Die Frage betrifft nicht nur die tiefe innere Spaltung in Nord und Süd, in Ost und West.

Besonders brisant scheint auch die Klimapolitik zu sein. So schreibt Eric Gujer, Chefredakteur der Neuen Züricher Zeitung, am 16. Juli 2021:

„Der Wunschzettel von Ursula von der Leyen treibt einen Keil zwischen die Mitgliedsländer und hat das Zeug dazu, die Union weiter zu schwächen. Denn die klimapolitischen Ambitionen und Interessen unterscheiden sich zwischen den EU-Staaten so stark, dass mit dem üblichen Brüsseler Kuhhandel keine Kompromisse möglich erscheinen."

„Die EU muss sich für alle Beteiligten lohnen. ... Die Klimatransformation ist jedoch derart umfassend und kostspielig, dass die Verlierer dieses Epochenwandels vielleicht einmal glauben, die EU lohne sich für sie nicht mehr."

Die Europäische Union hat in den vergangenen Jahren viel Nabelschau betrieben, ja vielleicht sogar betreiben müssen: Osterweiterung, Finanz- und Staatsschuldenkrise, Flüchtlingskrise, Brexit und Corona-Pandemie.

Wer sich aber vor allem mit sich selbst beschäftigt, kann bekanntlich schnell die Sicht auf die Wirklichkeit verlieren. Im politischen „Raumschiff Brüssel", aber auch in Paris oder in Berlin redet man gerne über „Europas strategische Autonomie". Aber lügen wir uns da nicht in die eigene Tasche?

Europa ist nicht autonom – weder wirtschaftlich oder technologisch noch politisch oder militärisch. Und es muss aufpassen, damit es gegenüber den Supermächten nicht immer noch weiter ins Hintertreffen gerät.

Richtig ist aber schon, dass sich Europa fest vornehmen sollte, souveräner zu werden und die Abhängigkeit von anderen zu verringern.

Bei einem solchen „Aufbruch" geht es für
Europa im Kern um die politische,
wirtschaftliche und militärische
Selbstbehauptung gegenüber den großen
Mächten.

Europas Abhängigkeit vom chinesischen
Markt ist seine Achillesferse. Unsere
wirtschaftlichen Interessen könnten sogar
zu einem noch stärkeren Hebel für eine
politische Einflussnahme Pekings werden.

Dass wir auf geopolitische Herausforderungen schlecht vorbereitet und alles
andere als strategisch autonom sind, wird
vor allem im Bereich der Verteidigung
überdeutlich.

Die lange Friedensperiode im Nachkriegs-
europa ist ganz wesentlich der Schutzmacht
Amerika geschuldet. Und auch heute zeigt
etwa die Entwicklung in der Ukraine: Die EU
braucht die USA, um an der Ostflanke
Europas ein glaubwürdiges Gegengewicht
zu Russland bilden zu können.

Sicherheitspolitisch bleiben die USA für uns unverzichtbar! Ohne die konventionellen und nuklearen Fähigkeiten Amerikas kann sich Europa nicht schützen.

So konstatiert etwa Brigadegeneral a. D. Erich Vad: „Wir waren sicherheitspolitisch und militärisch noch nie so abhängig von den Vereinigten Staaten wie heute. Unsere Streitkräfte in Europa, leider als Negativbeispiel allen voran die deutsche Bundeswehr, waren noch nie in einem so miserablen Zustand."

Deutschland hat seinen Verbündeten zugesagt, zwei Prozent seiner Wirtschaftsleistung in die Verteidigung zu investieren. Derzeit sind es 1,5 Prozent oder 47 Milliarden Euro. Spätestens 2024 müssten es rund 60 Milliarden Euro sein. Tatsächlich aber sinkt der Wehretat in der mittelfristigen Finanzplanung bis 2025 auf 45 Milliarden Euro. Das ist ernüchternd.

Wie abhängig wir von den Vereinigten Staaten sind, zeigt auch eine Schätzung des angesehenen Londoner RUSI-Instituts.

Danach stellen die USA derzeit

- 75 Prozent aller Nato-Fähigkeiten,
- nahezu 100 Prozent der Abwehrfähigkeiten gegen ballistische Raketen und
- den weit überwiegenden Teil der Fähigkeiten zur nuklearen Abschreckung.

Etwa 75.000 US-Soldaten dienen in Europa. Das umfasst noch nicht die Truppen, die die USA im Ernstfall zur Verstärkung schicken würden.

Fazit der Bundesministerin der Verteidigung in einer Grundsatzrede: „All dies zu kompensieren, würde nach seriösen Schätzungen Jahrzehnte dauern und unsere heutigen Verteidigungshaushalte mehr als bescheiden daherkommen lassen."

Ähnlich Erich Vad: „Eines sollte man bei Visionen strategischer Autonomie Europas aber nicht vergessen: Wenn man versuchen würde, Europa eigenständig militärisch, also losgelöst von den USA, aufzubauen, dann würde das eine Verdreifachung oder Vervierfachung des Wehretats bedeuten. Es würde also nicht einmal das Nato-Ziel von zwei Prozent des BIP für Verteidigung reichen, von dem Deutschland weit entfernt ist. Ich sehe jedenfalls den politischen Willen dazu nicht, wenn allen Europäern klar wird, was strategische Autonomie von den USA bedeutet.“

Die EU ist aber nicht nur sicherheits- und wirtschaftspolitisch unzureichend gewappnet für wachsende weltpolitische Risiken. Sie hat auch massive institutionelle Defizite. Darauf macht etwa die Stiftung Wissenschaft und Politik mit der Studie „GASP: Von der Ergebnis- zur Symbolpolitik“ aufmerksam. GASP steht für die Gemeinsame Außen- und Sicherheitspolitik der EU.

Fest steht: Es gibt zu viele außenpolitische Alleingänge und zu selten eine gemeinsame Linie.

Ich erinnere nur an

- die Konfrontation im Mittelmeer zwischen Griechenland und der Türkei,
- die Niederschlagung der Protestbewegung in Hongkong,
- Libyen und den Nahen Osten.

Größer könnte der Kontrast kaum sein: Hier eine EU, tief gespalten, sich selbst blockierend, konzeptionslos von Krise zu Krise taumelnd. Dort die Geburt einer asiatisch-pazifischen Freihandelszone, die der ohnehin dynamischsten Region der Welt frische Kraft gibt, mit China im Zentrum.

Ist der Abstieg Europas ein Naturgesetz? Nein! Das ist die gute Nachricht: Wenn sich Europa grundlegend erneuert, kann es eine bedeutende Rolle in der Weltpolitik spielen.

Die schlechte lautet: In ihrer heutigen
Verfasstheit läuft die EU Gefahr,
geopolitisch zu „verzwergen".

Steht Europa aber vor einem neuen
Aufbruch? Immerhin wirft Gabor Steingart
schon im Mai 2021 „Fragen von womöglich
historischer Bedeutung" auf:

„Wird ein Kanzler Laschet die europäische
Lethargie der letzten Merkel-Jahre
überwinden können? Beendet er den
Zustand des französisch-deutschen
Belauerns, wo zuletzt nahezu alle Initiativen
des französischen Präsidenten
unbeantwortet blieben? Gelingt es, in
Brüssel eine Vision zu präsentieren, die
faszinierender ist als die Idee eines großen
Geldautomaten?"

Völlig unabhängig davon, wer die nächste
Bundesregierung führen wird, so viel steht
fest: Die EU braucht weitreichende und
tiefgreifende Reformen.

Gerade weil beide Supermächte ihren Einfluss auf Europa stärken wollen, muss die EU

- handlungsfähiger werden und ihr Schicksal stärker in die eigene Hand nehmen,
- sich aber immer auch ihrer Grenzen bewusst sein
- und deshalb kluge geostrategische Allianzen mit den „richtigen" Verbündeten eingehen.

Vor allem in fünf Schlüsselbereichen muss Europa besser werden – deutlich besser.

Nichts weniger als einen grundlegenden Neustart braucht der alte Kontinent. Eine Vision dafür ist die Einigung der Mitgliedstaaten der Europäischen Union auf eine europälsche Verfassung. Wichtige Vorarbeiten dazu könnte ein hochrangig besetzter Verfassungskonvent leisten – so wie der von 1948 auf Herrenchiemsee zum Grundgesetz für die Bundesrepublik Deutschland.

Dabei muss es auch um die bislang noch offene Frage der „Finalität Europas" gehen. Als supranationaler Zusammenschluss souveräner Staaten stellt die Europäische Union ein politisches Gebilde eigener Prägung (sui generis) dar, das es in dieser Form zuvor nicht gegeben hat.

Aber was ist unser Ziel? Wollen wir bleiben, was wir sind – ein „Staatenverbund"?

Oder wollen wir die heutige
Staatengemeinschaft in die Vereinigten
Staaten von Europa transformieren?
Darüber muss sich Europa klar werden!

Die Spitzenkandidatin der pro-europäischen
Partei Volt für die Bundestagswahl 2021,
Rebekka Müller, hat dazu eine sehr
weitreichende Forderung: „Wir wollen die
europäische Republik." Und: „Wir wollen
eine Regierung, die vom Europäischen
Parlament gewählt ist, mit einem
Premierminister oder einer
Premierministerin an der Spitze. Wir wollen
eine europäische Verfassung durchsetzen
und fordern eine gemeinsame Außen- und
Finanzpolitik mit einer europäischen
Armee."

So weit ist Europa (noch) nicht. Und
vielleicht wird es auch nie dorthin kommen.
Einzelne Vorschläge aber stehen schon
heute auf der Tagesordnung. Und das ist
auch gut so.

In einem Interview mit ThePioneer im Mai 2021 macht sich Armin Laschet dafür stark, Initiativen von Frankreichs Präsident Emmanuel Macron endlich anzugehen. Dazu gehörten auch Vertragsänderungen mit dem Ziel einer europäischen Verfassung. Kann dieser ambitionierte Vorschlag in absehbarer Zukunft gelingen? Hoffen wir es!

Um als globaler Faktor in Erscheinung zu treten, muss die Europäische Union im Bereich der Außen- und Sicherheitspolitik Entscheidungen treffen können – auch in kurzer Zeit. Und sie muss nach außen mit einer Stimme sprechen.

Bisher ist das wohl größte Hindernis für eine handlungsfähige europäische Außen- und Sicherheitspolitik das Prinzip der einstimmigen Entscheidung bei Ratsbeschlüssen. Warum? Weil beim Erfordernis der Einstimmigkeit jeder Mitgliedstaat mit einem Veto eine gemeinsame Beschlussfassung verhindern kann!

Das führt in der Praxis häufig zu einer lähmenden Blockade. Das ist ein so großes Problem, dass Heiko Maas anlässlich der diesjährigen Botschafterkonferenz des Auswärtigen Amtes entschieden forderte: „Wir können uns nicht länger in Geiselhaft nehmen lassen von denjenigen, die die europäische Außenpolitik durch ihre Vetos lähmen."

Aber wie könnte man diesen Stillstand auflösen? Eine Antwort darauf gibt Annegret Bendiek, Mitautorin der - von der Stiftung Wissenschaft und Politik veröffentlichten - Analyse der GASP. Sie sieht in einem Interview mit der Augsburger Allgemeinen zwei Optionen.

Die erste: „Teile oder besser die komplette gemeinsame europäische Außen- und Sicherheitspolitik werden mit einem einstimmigen Beschluss vergemeinschaftet. Entscheidungen würden dann mit qualifizierten Mehrheiten vom Rat der EU unter Einbeziehung des Europäischen Parlamentes getroffen."

Es scheint übrigens, als würde Armin Laschet das ähnlich sehen, wenn er fordert: „Wir brauchen eine Reform der Institutionen. Das Einstimmigkeitsprinzip etwa in der Außenpolitik muss verändert werden."

Dieser Weg wäre der Königsweg. Aber derzeit scheint mehr als fraglich, ob er beschritten werden wird. Einigen Staaten fällt es schwerer als anderen, bislang nationale Kompetenzen abzutreten. Deshalb sollte man noch eine andere Möglichkeit ins Auge fassen, um den Stillstand zu überwinden.

Worin aber besteht sie? Frau Bendiek sieht sie darin, dass man den Schengen-Vertrag aus den 80er Jahren zum Vorbild nimmt.

„Dann würden die integrationswilligen Staaten vorangehen. Sie könnten sagen, wir machen eine gemeinsame Politik auf der Basis der Verträge, weil wir keine Chance sehen, dafür eine Mehrheit unter den 27 EU-Mitgliedern hinzubekommen."

Im Ergebnis hätten wir ein Europa der „unterschiedlichen Geschwindigkeiten". „Koalitionen der Entschlossenen" könnten vorangehen. So würden integrationswillige Staaten in einzelnen Themenfeldern handlungsfähig. Möglich, dass dann eine Sogwirkung einsetzen würde.

Zweitens: Europa braucht verlässliche geostrategische Partner!

China und Amerika sind die beiden Supermächte des 21. Jahrhunderts. Sie drohen auf eine neue Eiszeit, auf einen neuen Kalten Krieg zuzusteuern. Europa kann sich da nicht raushalten. Wir können auf Dauer nicht neutral bleiben. Auch wenn das manche von uns nur zu gerne wollten. Sonst müssten wir auch die Kosten für unsere Sicherheit tragen. Und das wäre völlig illusorisch.

Können wir den Konflikt der Supermächte moderieren? Wer wie Macron eine strategische Autonomie Europas fordert, mag mit einer solchen Option liebäugeln. Aber würden wir uns da nicht verheben - gerade weil wir uns auf absehbare Zeit nicht einmal selbst verteidigen können?

Sollten wir also nicht besser wissen, an wessen Seite wir stehen – und uns dazu auch klar und eindeutig bekennen?

Wenn wir das nicht tun, könnten wir durchaus Gefahr laufen, dass China uns nicht ernst genug nimmt und Amerika uns fallen lässt. Es führt kein Weg an der Erkenntnis vorbei: Europa muss sich entscheiden!

Robert Kagan, Geostratege der Extraklasse, hat in seinem Standardwerk „Macht und Ohnmacht" die fundamentalen Unterschiede zwischen Europa und den USA messerscharf herausgearbeitet: „Wir sollten nicht länger so tun, als hätten Europäer und Amerikaner die gleiche Weltsicht oder als würden sie auch nur in der gleichen Welt leben. In der alles entscheidenden Frage der Macht – in der Frage nach der Wirksamkeit, der Ethik, der Erwünschtheit von Macht – gehen die amerikanischen und die europäischen Ansichten auseinander."

„Europa wendet sich ab von der Macht. Es betritt ein posthistorisches Paradies von Frieden und relativem Wohlstand, das der Verwirklichung von Kants Ewigem Frieden gleichkommt."

„Dagegen bleiben die Vereinigten Staaten
der Geschichte verhaftet und üben Macht in
einer anarchischen Welt aus, in der auf
internationale Regelungen und Völkerrecht
kein Verlass ist und in der wahre Sicherheit
nach wie vor von Besitz und Einsatz
militärischer Macht abhängt."

Die Amerikaner stammten vom Mars und
die Europäer von der Venus, so seine
Analyse. Gabor Steingart spitzt diesen
Befund rhetorisch weiter zu: „Dieses Europa
wird in seiner vorsätzlichen Naivität am
Ende niemanden beschützen – nicht mal
sich selbst. Mars und Venus liegen im
Planetensystem 120 Millionen Kilometer
und im politischen Orbit Lichtjahre
voneinander entfernt."

Aber trotz oder gerade wegen dieser
Unterschiede: Der alte Kontinent und die
neue Welt ergänzen sich, teilen viele Werte
und haben in weiten Bereichen ähnliche
Interessen. Europa muss im westlichen
Bündnis verankert bleiben – bei allen
Unterschieden und trotz vieler Irritationen.

Natürlich sind die USA längst nicht mehr das Vorbild, zu dem sie für viele Deutsche nach dem Zweiten Weltkrieg geworden sind. Amerika heute: ein zerrissenes Land. Droht es am Ende zu zerbröseln und in einem Bürgerkrieg unterzugehen? Manche sehen in dem Sturm auf das Kapitol bereits deutliche Hinweise auf apokalyptische Entwicklungen. Bäumt sich das „gute" Amerika mit Joe Biden ein letztes Mal auf? Jedenfalls ist zu hoffen, dass es dem amtierenden Präsidenten gelingt, das gespaltene Land wenigstens ein Stück weit zu befrieden!

Dabei könnten und sollten der alte Kontinent und ganz besonders Deutschland die USA unterstützen, so wie Amerika uns nach dem Krieg geholfen hat. Ohne die USA hätte Deutschland eine ganz andere Entwicklung nehmen können – ohne das Ausmaß an Freiheit und Wohlstand, das zu viele von uns heute als fast schon selbstverständlich empfinden. Die Vereinigten Staaten haben uns unterstützt, weil es in ihrem eigenen Interesse lag.

Gerade deshalb aber waren sie Verbündete, auf die wir uns im Ernstfall verlassen konnten. Heute sollte sich Amerika auf uns verlassen können!

Deutschland hat eine politische, soziale und wirtschaftliche Ordnung, deren Stärke es ist, den Ausgleich unterschiedlicher Interessen zu finden. Und genau das ist es, was Amerika derzeit am dringendsten zu brauchen scheint!

Natürlich können wir unsere Ordnung nicht einfach „exportieren" und die „Bedienungsanleitung" dazu gleich mitliefern. Eine solche Vorstellung wäre reichlich naiv und Hybris pur.

Aber wir könnten gezielt den Austausch junger Menschen forcieren und so unmittelbar vertiefte Erfahrungen mit unserer funktionierenden Demokratie und dem System der Sozialen Marktwirtschaft ermöglichen.

Vor allem aber braucht Amerika unsere politische Unterstützung, um dem Systemrivalen China und dessen übergriffigem Machtstreben entschlossen entgegentreten zu können.

Bislang schien es, als ob sich Deutschland „beim Umgang mit China bequem eingerichtet" hätte. „Deutsche Konzerne verdienten prächtig auf dem chinesischen Markt, politisch hielt sich Deutschland weitgehend heraus." So die Diagnose von Gregor Peter Schmitz. Und er fragt dann: „Kann so ein (ja durchaus bequemer) Dualismus noch funktionieren, wenn es zum chinesisch-amerikanischen Duell kommt?"

Jedenfalls wird die neue Welt den alten Kontinent immer drängender fragen:

- Seht Ihr in China vor allem einen dynamischen Wirtschaftsraum und Partner bei der Lösung globaler Probleme?
- Oder einen systemischen Wettbewerber und Gegner?

- Oder aber beides gleichzeitig? Und geht das überhaupt?

Kann man mit einem systemischen Rivalen tatsächlich gute Wirtschaftsbeziehungen pflegen – besonders in sensiblen Bereichen?

Heribert Dieter sieht die „Sonderrolle" Deutschlands kritisch und stellt fest:

Während die USA, Frankreich, Großbritannien und Japan in den letzten Monaten auf die zunehmende Aggression Chinas reagiert hätten, würde Deutschland weiterhin eine Politik der engen Zusammenarbeit mit China vertreten.

Weder die völkerrechtswidrige Einführung des Sicherheitsgesetzes in Hongkong noch die zusehends offenkundiger werdenden Verletzungen der Menschenrechte in Xinjiang hätten die Bundeskanzlerin veranlasst, ihre Position grundlegend zu verändern.

Dies hätte sich sehr deutlich Ende 2020
gezeigt, als Deutschland am Abschluss des
Investitionsschutzabkommens der EU mit
China festgehalten habe, obwohl es
gravierende Bedenken in anderen
europäischen Ländern gegeben hätte und
obwohl die USA darum gebeten hätten, den
Abschluss hinauszuzögern.

Diese Sicht von Heribert Dieter sollte schon
zu denken geben.

Hauptgrund für eine bislang eher
„beschwichtigende" deutsche China-Politik
sind wohl vor allem Exportinteressen der
deutschen Wirtschaft. Und die sind in der
Tat ernst zu nehmen. Allerdings relativiert
sich auch hier manches, wenn man die
Statistik genauer betrachtet.

So hatte etwa der Warenhandel mit Polen
und Ungarn 2019 ein größeres Volumen als
der Handel mit der Volksrepublik China.

Und Deutschland war 2020 zwar der größte europäische Exporteuer nach China, aber unsere Ausfuhren waren kaum größer als die Australiens, obwohl dort weniger als ein Drittel so viele Einwohner leben wie in der Bundesrepublik. Der Anteil Chinas an den gesamten deutschen Ausfuhren betrug 8 Prozent, für Australien lag der entsprechende Anteil bei 40 Prozent. Aber trotz seiner enormen Abhängigkeit von China hat Australien einen selbstbewussten Kurs gegenüber Peking eingeschlagen.

Kann die Begründung eines deutschen „Sonderweges" in der China-Politik mit Exportinteressen überzeugen? Jedenfalls drohen deutsche Ausfuhren nach China künftig selbst dann schwieriger zu werden, wenn Deutschland seine Zurückhaltung in der Kritik Chinas beibehielte – spätestens dann nämlich, wenn es zu einem Decoupling der Supermächte käme und Lieferketten und Technologien zumindest teilweise entflochten würden. Und vieles spricht dafür, dass diese Entwicklung tatsächlich eintreten könnte.

Ein anderer Punkt ist von eher noch größerer Bedeutung: Wirtschaftliche Interessen sind mit sicherheitspolitischen Anliegen und europäischen Werten abzuwägen. Es gibt keinen Primat der Ökonomie!

Mit den Worten von Manfred Weber (in einem Interview mit der Augsburger Allgemeinen vom 19. Juni 2021):

„Manche sehen nur die Wirtschaft, sehen nur die Umsätze, die deutsche Unternehmen in China machen. Wir sehen, dass wir die wirtschaftliche Erholung nach der Corona-Krise vor allem dem Geschäft in Asien zu verdanken haben.

Aber hier geht es um die sehr grundsätzliche Frage, in welcher Welt wir in zehn Jahren leben wollen. … Ich will nicht nach chinesischen Spielregeln leben. Wir brauchen den Schulterschluss mit den Amerikanern, wir brauchen ein starkes Europa, um das westliche Lebens- und Wertemodell zu sichern."

Und weiter: „Wir werden Prioritäten setzen
müssen. Und für mich hat oberste Priorität,
dass wir unsere europäischen Werte, unser
Lebensmodell verteidigen."

„Es darf nicht um die Frage gehen, ob sich
das rechnet, sondern es muss darum gehen,
wofür wir stehen. Die Europäische Union
und die USA haben gemeinsam die Kraft,
auch ohne China oder Russland Wohlstand
zu erzielen."

Manfred Weber zeigt hier klare Kante. Der
bloße Verzicht auf „Äquidistanz" zu China
und den Vereinigten Staaten ist zu wenig,
wir brauchen den engen „Schulterschluss"
mit Amerika!

Unser „natürlicher" Verbündeter waren,
sind und bleiben die USA. Sie vor allem
müssen das Reich der Mitte machtpolitisch
ausbalancieren. Aber ohne Europa als
verlässlichem Partner könnten die
Vereinigten Staaten Gefahr laufen, in die
„Thukydides-Falle" zu tappen.

Und dieses verhängnisvolle Szenario ist
unter allen Umständen zu verhindern!

*<u>Drittens: Europa muss seine
sicherheitspolitischen Anstrengungen
deutlich verstärken!</u>*

Frieden und Freiheit sind keine
Selbstverständlichkeit. Die sie tragende
Ordnung muss immer wieder neu errungen
werden. Oder um es etwas salopp mit Leslie
Mandoki zu sagen: „Freiheit kommt nicht
aus dem Wasserhahn."

Oberstes Leitprinzip für Europa sollte sein,
sich der „erweiterten Abschreckung" zu
vergewissern - also der Bereitschaft der
USA, im Fall eines nuklearen Angriffes auf
Europa auch die amerikanischen
strategischen Nuklearwaffen einzusetzen.

Diesen Schutz wird Europa aber nicht zum
Nulltarif bekommen.

Bundespräsident Steinmeier hat
vollkommen recht, wenn er feststellt:

„Wir werden den stärksten und größten Partner im Bündnis weiter dringend brauchen. Aber nur ein Europa, das sich selbst glaubwürdig schützen will und kann, hat die besten Chancen, die Vereinigten Staaten in der Allianz halten zu können.“

Wir sollten alles daransetzen, damit die USA ein Interesse an der Verteidigung Europas behalten - auch und gerade dann, wenn Washington seinen strategischen Fokus auf Asien richtet. Kurz und knapp: Europa muss für die USA ein Partner auf Augenhöhe werden!

Dabei geht es längst nicht nur um das „Zwei-Prozent-Ziel“, obwohl das natürlich auch bedeutsam bleibt. Fast noch wichtiger aber wird die strategische Grundaus-richtung Europas werden:

- Sind wir bereit, ausreichend in eigene Verteidigungsfähigkeiten zu investieren, um Russland konventionell auszubalancieren?

- Sind wir bereit, sicherheitspolitisch
  Verantwortung außerhalb Europas
  zu übernehmen?

- Und sind wir bereit, allen
  Versuchungen zu widerstehen, uns
  wirtschaftlich von China
  vereinnahmen zu lassen – vor allem
  durch einen Binnenmarkt Asien-
  Europa, der im Wettbewerb zu den
  USA stünde?

Eine solche Bereitschaft würde den
Amerikanern viel Last von den Schultern
nehmen. Im Ergebnis würden die USA neue
Kräfte für den pazifischen Raum
bekommen.

Damit könnte Europa Bündnistreue zeigen
und sich ein Bekenntnis der USA zur
erweiterten Abschreckung „erarbeiten".

Was also sollte Europa tun?

Nun, es sollte

- unerschütterlich am transatlantischen Bündnis festhalten,

- zu einer gemeinsamen Sicherheits- und Verteidigungspolitik finden und

- im Rahmen des Bündnisses eigene Stärke entwickeln.

Erich Vad analysiert nüchtern: „Die Europäer müssen sich selbstständiger in der Sicherheits- und Verteidigungspolitik aufstellen, ohne dass dabei das transatlantische Bündnis an Bedeutung verliert.“

Weil sich die Vereinigten Staaten künftig stärker dem pazifischen Raum zuwenden, werden sie immer weniger Verständnis für ein wohlhabendes Europa haben, das sich ziert, die Probleme vor der eigenen Haustüre selbst anzupacken.

Bislang sind nur allgemeine und vorläufige Konturen einer neuen europäischen Sicherheitsstrategie erkennbar. Allerdings gibt es schon konkrete Vorschläge für einzelne Projekte zur Stärkung des europäischen Sicherheitsbeitrages, die vielversprechend erscheinen.

Zwei davon möchte ich hier aufgreifen: den „Vad-Sikorski-Vorschlag" für europäische Streitkräfte und den „Kujat-Vorschlag" für eine Schärfung des europäischen Profils in der Nato.

Erich Vad plädiert zum einen für den Ausbau von Frontex zu einer europäischen Grenztruppe:

„Eine solche gemeinsame europäische Grenztruppe müsste zu Lande, zu Wasser und in der Luft einsetzbar sein, um flexibel an den Hotspots der EU-Außengrenzen zum Einsatz zu kommen. Und sie könnte sehr gut fortentwickelt werden zu späteren gemeinsamen europäischen Streitkräften."

Darüber hinaus würden Europa bislang „kampf- und durchsetzungsfähige Verbände" fehlen, um „islamistische Terroristen und Kämpfer zu entwaffnen, die vor den Toren Europas wie etwa in Libyen oder in der Sahel-Zone die Sicherheit Europas bedrohen."

„Hier ist die in der SPD-Bundestagsfraktion ausgearbeitete Idee einer „28. Armee" ein nach wie vor bedenkenswerter Vorschlag, um eine schnelle, militärische Handlungsfähigkeit Europas zu etablieren. Es geht hier um einen 8.000 bis 10.000 Personen umfassenden militärischen Schnelleingreifverband, bestehend aus Freiwilligen aus allen EU-Staaten unter direktem Oberbefehl der EU-Kommission.

In diesen Zusammenhang gehört die vom ehemaligen polnischen Außen- und Verteidigungsminister Radek Sikorski als Abgeordneter des Europäischen Parlamentes eingebrachte Idee der Aufstellung einer „European Legion" mit geeigneten Freiwilligen aus den EU-Staaten nach dem Vorbild der französischen Fremdenlegion."

Eine „EU-Armee" scheint auf absehbare Zeit keine realistische politische Option zu sein. Vor diesem Hintergrund hat Harald Kujat einen Vorschlag gemacht, mit dem er die Bereitschaft Europas, mehr Verantwortung für die eigene Sicherheit zu übernehmen, in den Strukturen der Nato verankern möchte.

Danach „sollten Deutschland und Frankreich als sichtbares Zeichen eines größeren europäischen Engagements vorangehen und künftig in der Nato-Kommandostruktur im Wechsel den Strategischen Befehlshaber für Operationen (SACEUR) stellen, bisher traditionell ein Amerikaner.

Im Gegenzug könnte ein amerikanischer Offizier Strategischer Befehlshaber Transformation, gegenwärtig ein Franzose, werden."

Auch „sollte die Nato Response Force (NRF) einen eigenen Führungsstab erhalten, und, wie ursprünglich beabsichtigt, nach verbindlichen Nato-Kriterien ausgerüstet und ausgebildet werden. Für die Dauer der Zuordnung zur NRF sollten die nationalen Verbände unter Nato-Kommando kommen (Nato Command Forces) und SACEUR unterstellt werden.

Ein erheblicher Zugewinn an Interoperabilität sowie eine deutliche Verbesserung der Einsatzbereitschaft und Reaktionsfähigkeit wären die Folge, mit der Option, eine schlagkräftige Truppe in sicherheitspolitischer und strategischer Verantwortung der Europäischen Union einzusetzen.“

Letzten Endes sollte die EU Initiativen auf den Weg bringen und diese mit den USA abstimmen. Der Abstimmungsbedarf umfasst dabei weitaus mehr als „nur“ den Bau eines tragfähigen europäischen Pfeilers der Nato:

die künftige Ausrichtung des Bündnisses,
die atomare Abschreckung, neue
Bedrohungslagen, neue Waffen und
Technologien, neue Formen von
Sicherheitsproblemen.

„Die wachsende Gefährdung, der Schutz
und die Sicherung der weiten, offenen
Südflanke Europas sowie das maritime
Eindämmen Chinas in Asia-Pazifik müssen in
Zukunft Schwerpunktaufgaben des
Bündnisses sein. Nicht massierte
Panzerangriffe, sondern Cyberangriffe in
Verbindung mit konventionellen und
irregulären Kräften werden ein nicht mehr
wegzudenkender Bestandteil künftiger
Konflikte sein," so Erich Vad.

Die Nato wird sich verstärkt auf neue
„hybride Konflikte" einstellen müssen. Und
Europa wird dafür entsprechende Beiträge
leisten müssen.

Technologieführerschaft im Weltraum und
im Cyberraum: Das kann Europa und
Amerika nur gemeinsam gelingen!

Europa wird sich sehr anstrengen müssen, damit die Vereinigten Staaten uns als strategischen Partner ernst nehmen!

Vielleicht hat Angela Merkel ja das gemeint, als sie nach dem Wahlsieg von Joe Biden mit Blick auf Amerika sagte: „Wir Deutsche und wir Europäer wissen, dass wir in dieser Partnerschaft im 21. Jahrhundert mehr eigene Verantwortung übernehmen müssen." Berichten zufolge präzisierte sie später, dass das auch für den deutschen Beitrag zur Sicherheitszusammenarbeit in Europa und für den Beitrag zum Nato-Verteidigungsbündnis gelte.

Machen wir uns nichts vor: Europäische Sicherheitspolitik wird kein einfacher Weg werden, ganz im Gegenteil. Aber was würde denn passieren, wenn nichts oder zu wenig passiert? Dann blieben wir sicherheits-politisch nur Zuschauer. Wir würden kein Akteur der Weltpolitik, den man ausreichend ernst nimmt. Und wir würden weitere Schritte auf dem Weg in die Bedeutungslosigkeit gehen.

So wichtig also nachhaltige sicherheitspolitische Bündnisse und militärische
Potenz auch sind: Sie allein werden nicht
über unsere Zukunft in einer sich rasch
verändernden Welt entscheiden. Hinzu
kommen müssen eine innovative Wirtschaft
und ein kluger Staat, deren Zusammenspiel
Technologieführerschaft erst möglich
macht. Fast schon überflüssig zu erwähnen,
dass genau das auch eine wichtige
Grundlage für überlegene Waffen-
technologien und Sicherheitsstrategien ist.

Solche Systeminterdependenzen zwischen
Wirtschaft, Technologie und Militär hatte
wohl schon Franz Josef Strauß fest im Blick.
Jedenfalls hat er frühzeitig geostrategisch
Bahnbrechendes zum globalen
Innovationswettbewerb gesagt. So steht
etwa im Manuskript für seine Rede am 24.
September 1988 in Varna anlässlich des III.
Varna-Forums „The New Global Thinking
and Strategies for the Expansion of East-
West Economic Cooperation" mit dem
Thema „Perspektiven der Ost-West-
Wirtschaftsbeziehungen":

„Geschichtliche Entwicklungen und Entscheidungen vollziehen sich nicht mehr auf den Barrikaden der Revolutionen und auf den Schlachtfeldern des Krieges, sondern in der wissenschaftlich-technischen Entwicklung und dem wirtschaftlichen Wettbewerb. Der Wettbewerb findet nach meiner festen Überzeugung statt in den Studios der Wissenschaftler, in den Laboratorien der Techniker, in den Hallen der modernen Produktion, auf den Gebieten der Elektronik, der Mikroelektronik, auf den Gebieten der Luft- und Raumfahrt, auf den Gebieten der Biotechnik, der Gentechnik und all der unübersehbaren Möglichkeiten, die die moderne Wissenschaft bietet.“

Ich zitiere Franz Josef Strauß hier, weil seine grundlegende Einschätzung vor nunmehr über dreißig Jahren nichts an Bedeutung verloren hat, aber auch, weil ich mich gerne daran erinnere, wie der Entwurf für das Redemanuskript seinerzeit entstanden ist.

Da bin ich mir ganz sicher: „FJS" hätte die „digitale Schicksalsfrage" heute in das Zentrum seiner Politik gerückt - und umfassend beantwortet!

Fünf Felder vor allem sind es, auf denen sich Europas wirtschaftliche Zukunft entscheiden wird:

- Standortattraktivität für eine innovative digitale Hightech-Industrie
- Wettbewerbsregeln, die schmutzige Konkurrenz verhindern
- Globale Infrastruktur-partnerschaften
- Integration in dynamische und normsetzende Wirtschaftsräume
- Widerstandsfähige, resiliente Schlüsselindustrien.

Um mit letzterem zu beginnen: Corona hat die „naive" Globalisierung „entzaubert".

Zumindest ein Stück weit. Künftig wird nicht nur die Bevorratung systemisch notwendiger Ressourcen eine größere Rolle spielen als bislang. Auch wird das Bewusstsein wachsen, dass die Kosteneffizienz internationaler Arbeitsteilung nicht der alleinige Maßstab für Investitionsentscheidungen sein kann.

Strategisch notwendige Produktionen könnten ein Stück weit „renationalisiert" oder „europäisiert" werden. Das gilt beispielsweise für Impfstoffe und Medikamente. Aber auch auf anderen strategisch bedeutsamen Gebieten ist die EU viel zu abhängig von Asien, ganz besonders bei Halbleitern.

Weltweite Engpässe haben uns vor Augen geführt, dass Europa der gesamten Wertschöpfungskette der Halbleiterproduktion bislang zu wenig Beachtung geschenkt hat. Die Folge sind unter anderem Produktionsausfälle in der Autoindustrie.

Die EU produziert heute etwa 10 Prozent aller Chips weltweit, verbraucht aber rund 20 Prozent. Ein klarer Beleg dafür, wie notwendig es inzwischen geworden ist, Rahmenbedingungen für eine „widerstandsfähigere" Industrie zu entwickeln.

Und so ist die EU-Kommission grundsätzlich auf dem richtigen Weg, wenn sie mit ihrer überarbeiteten Industriestrategie Abhängigkeiten von anderen Wirtschaftsräumen reduzieren, den Binnenmarkt in Krisensituationen schützen und die digitale Transformation schneller vorantreiben will.

Nach einem Bericht im Handelsblatt könnten auf die europäische „Halbleiter-Allianz" und „Batterie-Allianz" eine „Wasserstoff-Allianz" und weitere Allianzen etwa für Cloud-Anwendungen, die Nutzung von Industriedaten, emissionsfreie Luftfahrt, die Pharmaindustrie und Weltraumprojekte folgen.

Das Bundeswirtschaftsministerium unterstützt den Ansatz, Europa mit Industrieallianzen autonomer zu machen, seit langem. Befürwortung kommt aber auch aus Teilen der Wirtschafts-wissenschaft.

Chinesische Unternehmen in Schlüsselindustrien werden staatlich stark subventioniert. „Wenn die EU das einfach so hinnimmt, dann hat sie langfristig das Nachsehen", mahnt etwa Harald Fadinger.

Europa muss also im globalen Wettbewerb selbstbewusster auftreten und eigene Interessen besser schützen. Es gilt ein Stück weit, Peking mit den eigenen Waffen zu schlagen. Genau das versucht die Kommission. Mit der Industriestrategie will sie industrielle Kernbereiche bei zentralen Produkten und Rohstoffen nach Europa holen.

Aber man darf das Kind nicht mit dem Bade ausschütten. Erfreulicherweise hat die Kommission der Versuchung widerstanden,

Europas Wirtschaft „flächendeckend" von internationalen Lieferketten abzukoppeln. Denn das wäre mit gigantischen Wohlstandsverlusten verbunden. In vielen Fällen ist Diversität einer Autonomie deutlich vorzuziehen.

Ungeachtet aller notwendigen Anstrengungen zur Stärkung der Widerstandsfähigkeit unserer Wirtschaft: Marktwirtschaftlicher Wettbewerb bleibt die Grundmelodie des Fortschritts – vorausgesetzt, er findet unter fairen Bedingungen statt.

Wo nicht, ist europäische Politik gefordert. Sie sollte unfaire Konkurrenz oder den „Ausverkauf" von technischem Know-how zumindest erschweren.

Dazu hat die Kommission jüngst den Vorschlag für eine Verordnung gegen Verzerrungen im Binnenmarkt durch Subventionen aus Drittstaaten vorgelegt.

Einem Bericht im Handelsblatt zufolge wächst in der EU die Sorge, dass nicht nur, aber ganz besonders chinesische Unternehmen, die von staatlichen Beihilfen profitieren, in Europa Spitzentechnologien aufkaufen oder mit hiesigen Unternehmen in unfairem Wettbewerb stehen.

Die Übernahme des Roboterherstellers Kuka durch den chinesischen Staatskonzern Midea war für viele ein Weckruf. Dabei sind „durch Subventionen beschaffte, ungerechtfertigte Vorteile seit langem eine Plage im internationalen Wettbewerb", so der Vizepräsident der EU-Kommission, Valdis Dombrovskis.

Deshalb ist es richtig, dass Europa hier endlich eine härtere Gangart einschlagen will!

Vor völlig neue Herausforderungen wird der Klimaschutz die Wettbewerbspolitik stellen. Es wäre ein geostrategisches No-Go, wenn Europa im Ergebnis eines ambitionierten Klimaschutzes Nachteile im globalen

Wettbewerb und ganz besonders gegenüber einem so wichtigen Wirtschaftspartner und Systemrivalen wie China erleiden müsste!

Klimaschutz und fairer Wettbewerb dürfen sich nicht ausschließen!

Um beide Ziele gleichzeitig zu erreichen, sind unterschiedliche Wege gangbar. Der eine: Peking hebt seine Klimaziele deutlich an und erhöht seinen Beitrag zum Klimaschutz massiv. Am besten wäre die volle Beteiligung Chinas an einem Emissionshandel, an dem auch Europa und die USA teilnehmen.

So würde ein „Klima-Klub" entstehen, dessen Mitglieder einen CO_2-Preis erheben, der nicht unter ein bestimmtes Niveau fallen darf und damit einen fairen Wettbewerb ermöglicht. Doch eine solche Option ist derzeit wohl eher nicht in Sicht.

Zur Beschreibung der Wirklichkeit gehört die Feststellung:

- Das Reich der Mitte hat seinen CO2-Ausstoß seit 1990 verdreifacht und emittiert heute mehr Treibhausgase als die OECD zusammen.

- 2019 lag der CO2-Ausstoß Chinas mit 7,1 Tonnen pro Kopf deutlich über dem entsprechenden Wert der EU-27 in Höhe von 6,6 Tonnen pro Kopf (Global Carbon Report).

- Der Einstieg Chinas in einen nationalen Emissionshandel erfolgte sehr zögerlich: erst im Juli 2021. Und vor allem: Eine Tonne CO2 kostet in der EU siebenmal mehr als in der Volksrepublik. So ist ein fairer Wettbewerb schwer möglich!

Peking verkündet zwar große Klimapläne, baut aber gleichzeitig ungebremst Kohlekraftwerke. Xi Jinping ist ein Meister im internationalen Polit-Marketing.

Fast scheint es, als wolle er mit dem Einstieg in den Emissionshandel sein Land als „Mitmachland" inszenieren, um so der Kritik Wind aus den Segeln nehmen. Tatsächlich aber ist zu befürchten, dass China klimapolitisch dauerhaft „hinterherhinkt" und sich so weitere Vorteile im geopolitischen Wettbewerb „erarbeitet".

Solange das so bleibt, kann Europa im Grunde keinen „Alleingang im großen Maßstab" unternehmen, ohne wenigstens das Instrument des Carbon-Leakage-Schutzes über freie Zuteilungen im Europäischen Emissionshandelssystem fortzuführen.

Die EU-Kommission verfolgt aber einen anderen Weg. Sie will eine europäische CO2-Grenzabgabe einführen. Ein „Carbon Border Adjustment Mechanism" (Cbam) soll unterschiedliche Klimastandards bei der Einfuhr ausgleichen helfen.

Damit würde die EU nach Einschätzung von Experten aber einen neuen „Handelskrieg" riskieren. So hat etwa Australiens Regierung mit großer Schärfe auf den Klimavorstoß der EU geantwortet. „Wir sind sehr besorgt, dass die geplante Kohlendioxid-Abgabe an der Grenze nur eine neue Form des Protektionismus ist, die den weltweiten Freihandel unterminiert und den australischen Arbeitsmarkt belastet", sagte Handelsminister Dan Tehan nach einem Bericht in FAZ-Online.

Diese Sorge erwächst auch, weil völlig unklar erscheint, wie man die Abgabe bei komplexen Produkten wie einem Fahrzeug überhaupt berechnen soll. So stellt der Wirtschaftsbeirat Bayern in einem sehr klugen Papier über „effektive Klimapolitik" fest: „Eine Grenzausgleichsabgabe ist … zu kompliziert. Sie müsste den kompletten ökologischen Fußabdruck von der Rohstoffgewinnung bis zur Entsorgung erfassen, was schier nicht möglich ist."

Außerdem könnte die Grenzabgabe nicht
verhindern, dass vor allem energieintensive
europäische Exporte, etwa Stahl, Aluminium
und Zement, teurer würden und deshalb an
Wettbewerbsfähigkeit verlieren könnten.
Entsprechende Produktionen würden dann
an „schmutzige Standorte" außerhalb der
EU abwandern.

Detlef Drewes illustriert das Problem in der
Augsburger Allgemeinen vom 17. Juli 2021
am Beispiel Stahl: „Europäische Erzeugnisse
sind schon heute 30 bis 40 Prozent teurer
als chinesische Stahlwaren, was durch die
derzeit kostenlosen Emissionszertifikate
aufgefangen werden kann. Entfällt diese
Kompensation, weil ab 2030 die Zahl der
kostenlosen Papiere halbiert werden und
2035 ganz auslaufen soll, haben die
Konzerne kaum eine Chance gegen die
Billigkonkurrenz."

Die EU steht vor einem echten Trilemma.
Ambitionierter Klimaschutz, fairer
Wettbewerb und Schonung des
Steuerzahlers:

Diese drei Ziele sind unter den heutigen globalen Rahmenbedingungen nicht gleichzeitig zu realisieren. Gerade deshalb sollte die EU Chinas klimapolitische „Zögerlichkeiten" deutlich adressieren.

Europa sollte eine klare Klima-Außenpolitik mit dem Ziel verfolgen, den Ausstoß von Treibhausgasen weltweit zu reduzieren, ohne eigenes Engagement mit Wettbewerbsnachteilen, Wohlstandsverzicht und Arbeitsplatzverlusten zu „bestrafen".

Das könnte aus meiner Sicht zumindest ansatzweise gelingen, wenn Europa und die USA an einem Strang ziehen und einen „Klima-Klub" gründen würden, dem China nur beitreten kann, wenn es die Regeln des Klubs akzeptiert. Aber zum einen ist nicht sicher, ob dieses Projekt Peking zum Einlenken bewegen könnte. Und zum anderen: Haben die Vereinigten Staaten die Kraft und den Willen zu einem solch großen Wurf?

Wenn nicht, werden extreme Wetter noch stärker zunehmen und noch heftiger ausfallen. Und dann sollte Europa seine Ressourcen vorrangig in eine Anpassung an die Folgen des Klimawandels investieren.

Bei der chinesischen Staatsführung ist ein wiederkehrendes Muster zu beobachten: Schöne Worte, weniger schöne Taten und viel zu häufig ein zum Teil aggressives Verhalten. Besonders sichtbar wird das gerade beim Seidenstraßen-Projekt. Peking propagiert eine Win-win-Perspektive für alle Beteiligten. Tatsächlich aber geht es in erster Linie darum, fernöstlichen Konzernen strategisch wichtige Zugänge zu Anrainerstaaten zu sichern und den eigenen Einfluss weiter auszubauen.

Auf diese Strategie sollte Europa bald eine Antwort finden. „Wir brauchen eine europäische Seidenstraße", so Armin Laschet. Und auch wenn diese Einsicht reichlich spät kommt, so ist sie vollkommen richtig!

Zunächst einmal sollten wir aber das „europäische Haus" selbst „in Ordnung bringen".

Es ist doch unverständlich, dass die Volksrepublik China europäische Infrastrukturen finanziert und erstellt – umso mehr, als Peking damit strategische Ziele verfolgt, die nicht im europäischen Interesse liegen können.

Dazu scheint das Ziel zu gehören, EU-Staaten „auseinanderzudividieren". Peking arbeitet im sogenannten „17 + 1"-Format mit 17 Ländern des Balkans, Ostmitteleuropas und des Baltikums, 12 davon sind Mitglieder der EU.

Das sei eine Plattform, die spalte statt zu einen, so unlängst der litauische Außenminister Gabrielius Landsbergis.

Eine Staatengemeinschaft aber, die nicht einmal imstande wäre, ihre kritischen Infra-strukturen selbst zu finanzieren und die sich stattdessen ein Stück weit in die

Abhängigkeit einer Diktatur begeben würde, hätte ihre Zukunft doch schon verspielt. Hier besteht grundlegender Handlungsbedarf!

Es ist im Übrigen bezeichnend, wie barsch der Ton inzwischen geworden ist, mit dem Peking auf Kritik reagiert:

„Estland etwa musste sich von der dortigen chinesischen Botschaft anhören, dass seine nachrichtendienstliche Einschätzung Chinas von „Ignoranz, Vorurteilen und einer Mentalität des Kalten Krieges" gekennzeichnet sei. Man verlange, dass das gezeichnete negative Bild korrigiert werde, basierend auf „Fakten und Wahrheit".

Solche Rhetorik hat man im Baltikum noch frisch im Gedächtnis aus der erst 30 Jahre zurückliegenden Zeit, als man sich aus dem eisernen Griff der totalitären Sowjetmacht zu befreien suchte", so unlängst Rudolf Hermann in der NZZ.

Aber die EU muss auch seine Nachbarn geostrategisch fest im Blick haben. Es liegt eben nicht in unserem Interesse, dass China seinen Einfluss vor der Haustüre Europas immer weiter ausbaut.

Ferdinand Schaff, Chinaexperte beim BDI, mahnt deshalb zu Recht einen „umfassenden strategischen Ansatz" an, „ein Gegenangebot, das langfristig sowohl für die Empfängerländer als auch für Europa wirtschaftlich attraktiver ist" als das chinesische Seidenstraßen-Projekt. Umso besser, wenn die europäische Antwort auf Pekings Offensive in enger Abstimmung mit den G7-Staaten erfolgt.

Die Bundesregierung ist hier auf dem richtigen Weg. Um der „großen globalen Nachfrage nach Infrastrukturinvestitionen und besserer Vernetzung" nachzukommen, macht sie sich für eine „ambitionierte, sichtbare und global ausgerichtete EU-Konnektivitätsstrategie stark", so das Auswärtige Amt nach einem Bericht des Handelsblattes.

Diese sei „ein wichtiges Instrument zur globalen Durchsetzung europäischer Werte, Standards und Interessen – auch im Systemwettbewerb mit China".

Das Ziel sei ein „regelbasierter und nachhaltiger Ausbau von Konnektivität", die „die geostrategischen, wirtschaftlichen und wertepolitischen Interessen der EU fördert und gleichzeitig die wirtschaftliche und politische Souveränität der Zielländer gewährleistet".

Dazu brauche man Leuchtturmprojekte in Afrika und Asien. So könnte die EU die Energie-, Daten- und Verkehrsinfrastruktur in Partnerländern verbessern und gleichzeitig verteidigen, was den Europäern wichtig ist: Menschenrechte, Arbeits- und Klimaschutz, rechtsstaatliche Standards.

Die Gelegenheit für Europa scheint im Übrigen günstig: Pekings rigorose Interessenpolitik verursacht zunehmend Enttäuschung und Misstrauen.

Viele Länder in Asien, aber auch in Afrika und Lateinamerika, wünschen sich eine Alternative zum wachsenden chinesischen Einfluss. Und sie blicken wegen des Hegemonialkonfliktes zwischen China und den USA häufig vor allem auf Europa.

Die Staatengemeinschaft der EU steht für etwa ein Sechstel der Weltwirtschaft. Wenn sie ihr gesamtes Gewicht in die Waagschale wirft, kann sie auf internationaler Bühne ein starker Spieler sein.

Dieses Pfund sollte sie nutzen und die Welthandelsorganisation WTO stärken. Warum? Der wichtigste Weg für Wohlstand durch Handel sind multilaterale Verträge. Und die WTO ist das Zentrum der multilateralen Handelsordnung.

Daneben aber sollte Europa weiter- und tiefergehende Abkommen aushandeln. Die USA sind dafür ein natürlicher Partner und die erste Wahl.

Deshalb sollte die Europäische Union jetzt bei TTIP einen neuen Anlauf wagen und sich dabei zunächst auf die Aspekte konzentrieren, die sich beim ersten „Durchgang" als konsensfähig herausgestellt hatten. So könnte das Augenmerk jetzt vor allem auf die Angleichung von technischen Standards und die gegenseitige Anerkennung von Zulassungsverfahren gerichtet werden.

Aus europäischer Sicht ist es darüber hinaus aber auch strategisch dringend geboten, einen handelspolitischen Schwerpunkt auf Asien und den asiatisch-pazifischen Raum zu legen.

Doch die Zeit drängt: Europas Indo-Pazifik-Strategie sollte bald stehen und eng mit den USA abgestimmt sein, „um faire Marktzugänge und Investitionsbedingungen zu sichern", so Heiko Maas. Und er mahnt: „Wenn wir nicht aktiver werden, dann schreiben andere die Regeln der Zukunft."

Wir dürfen China nicht einfach das Feld überlassen und dabei zusehen, wie es normsetzende Wirtschaftsräume gegen unsere Interessen prägt!

Damit nicht genug. Wir müssen alles daransetzen, um gegen die Volksrepublik technologisch bestehen zu können. Und um Innovationsvorsprünge zu erarbeiten. Je besser uns das gelingt, desto eher wird sich der liberale Westen gegen den chinesischen Staatskapitalismus behaupten können.

Was sollten Deutschland und die EU also tun, um Innovationskraft und Technologiekompetenz zu stärken?

Einer, der es wissen muss wie kaum ein anderer, ist Handelsblatt-Chefredakteur Sebastian Matthes. Und der sieht das so:

„Erforderlich sind – erstens – Netzwerke aus Wissenschaft, Start-ups, Investoren und etablierten Unternehmen.

Auf diesen Schnittstellen entstehen die vielversprechenden Ideen und Geschäftsmodelle, wie die Münchner Initiative UnternehmerTUM, aus der in den vergangenen Jahren einige milliardenschwere Tech-Start-ups hervorgegangen sind. Solche Netzwerke lassen sich systematisch fördern.

Zweitens brauchen viele der neuen Technologien viel Geld. Zwar investieren internationale Investoren Milliarden in Deutschland. Aber gerade forschungsintensive Technologien in einem frühen Stadium haben es mitunter schwer.

Drittens gehört zu einer klugen Innovationspolitik, die negativen Auswirkungen neuer Technologien zu begrenzen. Die Entwicklung wird nämlich zahlreiche Verlierer produzieren: weil Jobs automatisiert werden oder ganze Unternehmen verschwinden. Eine ernstzunehmende Weiterbildungsinitiative wäre daher das Mindeste.

Aber es stellen sich, viertens, noch viel größere Fragen: Kein anderes Land macht bei der Entwicklung von KI-Technologien so große Fortschritte wie China. Das liegt an einer klugen digitalen Industriepolitik. Gleichzeitig sammelt kein Land so skrupellos Daten der eigenen Bürger – um damit Algorithmen zu trainieren. Jeder weiß, dass Algorithmen auch ein Abbild der Werte jener Gesellschaft sind, in der sie programmiert wurden. Und es ist nur eine Frage der Zeit, bis chinesische Software auch großflächig in Europa zum Einsatz kommt, weil sie in Feldern wie Gesichtserkennung schlicht besser sein wird. Wie gehen wir damit um?

Und wie geht Europa mit der Macht der Technologiekonzerne um, deren Börsenwert zu guten Teilen auch auf dem gigantischen Schatz an Nutzerdaten basiert, auf dem die Unternehmen sitzen? Würden Google, Amazon und Facebook gezwungen, diese Daten etwa mit Start-ups zu teilen, würde das zu einem regelrechten Innovationsschub führen – auch in Europa."

Diese Einschätzung lässt erahnen, wie gewaltig die Herausforderungen und wie groß die Aufgaben sind. Aber immerhin gibt die EU jetzt Vollgas: Mit dem Aktionsplan „Digitale Dekade" will sie bis 2030 technologisch zur Weltspitze aufschließen. 20 Prozent des europäischen Wiederaufbaufonds, also rund 150 Milliarden Euro, sollen für Investitionen im Digitalbereich genutzt werden.

Angela Merkel schlägt in die gleiche Kerbe, wenn sie sich – mit anderen - in einem Brief an die EU-Kommission, veröffentlicht im Handelsblatt, massiv für die „digitale Souveränität" Europas einsetzt:

„Wir müssen den digitalen Binnenmarkt in all seinen Dimensionen stärken, damit Innovationen gedeihen und Daten frei fließen können. Wir müssen Wettbewerb und Marktzugang in einer datengetriebenen Welt wirksam sicherstellen. Kritische Infrastrukturen und Technologien müssen resilient und sicher werden...

Wir wollen, dass die Europäische Union sich
an die Spitze des digitalen Wandels setzt ….

Wir appellieren daher an die Europäische
Kommission, die erforderlichen Initiativen
zu ergreifen, um die digitale Souveränität
der Europäischen Union zu stärken. …

Wir müssen die gesamte Palette der Politik
ausschöpfen und Instrumente aus der
Industrie-, Handels- und
Wettbewerbspolitik sowie der Forschungs-
und Innovationspolitik mit langfristigen
Finanzierungsinstrumenten und den Regeln
für „Wichtige Vorhaben von gemeinsamem
europäischem Interesse" kombinieren. …

Wir brauchen solide Rahmenbedingungen
für eine innovative, verantwortungsvolle
und sichere Digitalwirtschaft mit einem EU-
weiten Ökosystem für digitale Identitäten,
einem Rechtsrahmen für Künstliche
Intelligenz, Exzellenz bei
Quantencomputing, EU-basierten Cloud-
Lösungen und einem europäischen
Vorgehen zur Förderung der Virtualisierung

von Kommunikationsnetzen und neuer
Technologien (Open Ran). …“

Was für ein „digitales Bekennerschreiben“!
Wir sollten das Tor in die digitale Zukunft
unseres Kontinents jetzt weit aufstoßen.
Auch wenn andere heute weiter sind als
wir: Mit visionärer Kraft und politischem
Willen können wir den Anschluss noch
finden.

Ein besonders eindrucksvolles Signal des
Aufbruchs hat unlängst das „Silicon Saxony“
als größter Mikroelektronik-Standort
Europas gesendet: Bosch hat dort eine
Milliarde Euro in sein neues Chipwerk in
Dresden investiert. Was für ein Statement!

Mit solchen Investitionen kann der alte
Kontinent die Grundlagen dafür stärken,
dass er auf Dauer gegenüber den
Supermächten wirtschaftlich bestehen
kann. Und dass er seine Rolle als ein
führender Innovationsstandort verteidigen
und vielleicht sogar ausbauen kann.

Dafür ist auch die Pharmaindustrie ein ermutigendes Beispiel: „Wir haben mit der mRNA die Tür zu einer neuen Welt von Arzneimitteln geöffnet", so Biontech-Gründer Ugur Sahin. Deutschland könnte (wieder) zur „Apotheke der Welt" werden.

Fünftens: Europa muss sich seiner Identität versichern!

Ein innovatives und militärisch starkes, politisch handlungsfähiges und fest im transatlantischen Bündnis verankertes Europa hat allen Grund, selbstbewusst nach vorne zu schauen:

Es gibt keine andere Region auf der Welt, in der

- man so sicher, so frei und so demokratisch leben kann
- die Schwächeren so viel Unterstützung durch Staat und Gesellschaft erfahren
- Kultur und Umweltschutz einen so hohen Stellenwert haben.

Zur Identität Europas, zum „European Way of Life" gehört aber auch das mutige Bekenntnis zu seinen Werten.

Das bedeutet, nach innen gerichtet: Die EU darf nicht tatenlos zuschauen, wenn ihre eigenen Mitglieder europäische Werte verletzen. Wer beispielsweise die Unabhängigkeit der Rechtsprechung oder die Presse- und Meinungsfreiheit infrage stellt, darf damit nicht durchkommen. Nicht akzeptabel ist aber auch, wenn – wie etwa auf Zypern – illegale „goldene Pässe", die Reisefreiheit in der gesamten EU gewähren, gegen Millionenbeträge an Menschen aus Drittstaaten vergeben werden. Europas Werte dürfen nicht käuflich sein!

Je glaubwürdiger die Rechts- und Wertegemeinschaft der EU ist, desto überzeugender kann sie sich nach außen zu ihren Werten bekennen. Und auch wenn dieses Bekenntnis nicht über allem anderen stehen kann: Die EU darf ihre Werte nicht einfach auf dem Altar wirtschaftlicher Interessen opfern. Es wäre inakzeptabel, aus wirtschaftlichen Gründen alles zu unterlassen, was China verärgern könnte. Denn, mit den Worten von Alexander Graf Lambsdorff:

„Wir dürfen nicht vergessen, dass China
nach wie vor eine kommunistisch-
maoistische Diktatur ist, in der schwerste
Menschenrechtsverletzungen an der
Tagesordnung sind.“

Der ehemalige US-Verteidigungsminister
Leon Panetta legt den Finger tief in die
Wunde des Westens, wenn er feststellt:

„Es besteht kein Zweifel daran, dass in
China Verbrechen gegen die Menschlichkeit
begangen werden. Die Frage ist nur, ob der
Rest der Welt China dafür zur Rechenschaft
zieht. Die chinesische Regierung weiß
genau, was sie sich erlauben kann.
Aufgrund ihrer wirtschaftlichen Macht wagt
es der Rest der Welt nicht, sich kritisch zur
Verletzung der Menschenrechte zu äußern.
Das ist den Chinesen bewusst. Ich
befürchte, dass wir unserer Pflicht, diese
Dinge anzuprangern, nicht folgen werden.
Wenn wir China für dieses Verhalten nicht
verurteilen, wird es niemand tun.“

Im Februar 2022 finden die Olympischen
Winterspiele in Peking statt. Sollten wir
darüber nachdenken, sie zu boykottieren?

Das wird nicht passieren – wohl sehr zum
Leidwesen von Glacier Kwong, einer
politischen Aktivistin aus Hongkong, die
genau dies fordert (Welt online, 2. März
2021):

„Die Austragung der Spiele in Peking hilft,
Chinas Völkermord an den Uiguren und
anderen ethnischen Minderheiten zu
legitimieren und das kommunistische
Regime zu stärken. ...

Gegenwärtig findet in Ostturkestan nicht
nur Zwangsarbeit in den sogenannten
„Umerziehungslagern" statt, sondern auch
der systematische sexuelle Missbrauch
uigurischer Frauen. Vergewaltigungen und
sexuelle Übergriffe in den Lagern sind keine
Einzelfälle, sondern finden in großem
Ausmaß statt und werden stillschweigend
gebilligt.

Einige Han-Chinesen bezahlen sogar für schöne junge weibliche Gefangene. Wenn diese Frauen in ihre Zellen zurückgebracht werden, werden sie bedroht, damit sie niemandem etwas erzählen. Einige der Verschleppten kommen nicht mehr wieder. Diejenigen, die zurückkehren, sind traumatisiert. Gelegentlich werden Frauen in den Lagern auch nicht näher spezifizierten medizinischen Untersuchungen unterzogen: Sie erhalten „Impfstoffe", die Übelkeit und Taubheit verursachen, bekommen zwangsweise künstliche Verhütungsmittel oder werden gleich ganz sterilisiert und geschlagen, wenn sie nicht kooperieren."

Extrem verstörend, diese Schilderung von Glacier Kwong. War unser lautes Schweigen über das unsägliche Leid der Uiguren in Xinjiang in der Vergangenheit etwa der Preis für unseren Wohlstand? So oder so: Es stimmt zuversichtlich, dass die EU vor kurzem Sanktionen gegen China verhängt hat.

Sanktionen wegen Menschenrechts-
verletzungen gegen Verantwortliche für die
Unterdrückung der Uiguren. Sanktionen
zum ersten Mal seit dem Massaker auf dem
Platz des Himmlischen Friedens 1989: Die
EU zeigt: Haltung!

Und was ist mit Hongkong? Eine
schreckliche Antwort von Yu Jie lautet:
„Hongkong ist wie ein hilfloses Kind, das
von einer großen Schlange erstickt wird.“
Es scheint fast, als würde das Hongkong mit
politischen Freiheitsrechten schon bald
Geschichte sein!

„Europas Ideen und seine Werte sind für
Milliarden Menschen ein Versprechen auf
eine bessere Zukunft“, wie Margit Hufnagel
zu Recht feststellt. Auch im Interesse dieser
Menschen bleibt zu hoffen, dass das freie
Europa nicht nachlässt, auch der größten
Diktatur der Welt die Stirn zu bieten und
„kleine“ unterdrückte Minderheiten zu
unterstützen.

Letzteren hat Bertolt Brecht Zuversicht gegeben: „Das Große bleibt groß nicht und klein nicht das Kleine", so der inspirierende Sohn Augsburgs in seinem Lied von der Moldau.

Es ist so, wie wir es auch von Willy Brandt wissen: „Nichts bleibt auf Dauer."

Nachwort

Noch hat Europa die Wahl: Aufbruch und Selbstbehauptung oder Unterordnung und Bedeutungslosigkeit in der Welt von morgen. Es sollte seine Chance nutzen. Und noch dazu schnell, denn das Fenster der Möglichkeiten beginnt sich zu schließen. Im Zentrum eines europäischen Aufbruchs stehen eine gestärkte Wertegemeinschaft und institutionelle Reformen, technologische Kompetenz und militärische Fähigkeiten, aber auch ein enger Schulterschluss mit den USA.

Ein starkes, verlässliches und der Welt zugewandtes Amerika liegt im europäischen Interesse. Die neue Welt und der alte Kontinent bilden eine Schicksalsgemeinschaft. Scheitert Amerika, droht auch Europa zu scheitern. Die EU hat keine ausreichenden Fähigkeiten, um sich allein, ohne Amerikas Schutzschirm zu verteidigen. Aber auch die USA selbst geraten zunehmend unter Druck.

Im Hintergrund lauert ein übergriffiges autokratisches China, dessen Führung westliche Werte verachtet und zugleich nach der Vorherrschaft in der Welt strebt.

Deshalb sollten die Vereinigten Staaten und die EU ihre transatlantische Partnerschaft erneuern und vertiefen: wirtschaftlich und militärisch, politisch und technologisch. Europa muss dafür angemessene Beiträge leisten. Es muss selbstständiger werden, aber nicht gegen Amerika, sondern an dessen Seite. Vor allem muss es mehr Verantwortung in der Sicherheitspolitik übernehmen – auch deshalb, weil Amerika nicht umhinkommt, sich geostrategisch verstärkt dem pazifischen Raum zuzuwenden. Die Nato und ganz besonders ihr europäischer Pfeiler brauchen dringend eine Runderneuerung.

Auch wenn eine faire Kooperation eigentlich im Interesse beider Supermächte liegt, sollte der Westen doch auf eine eskalierende Konfrontation und einen neuen Kalten Krieg vorbereitet sein!

Dabei geht es nicht allein um militärische Fähigkeiten, sondern auch darum, wer die digitale Zukunft und die Regeln einer weltweit abgestimmten Klimapolitik bestimmt. Bewegen wir uns in Richtung „Digitaldiktatur", oder gelingt es, die Freiheit des Einzelnen in einer digitalen Welt zu verteidigen? Und können wir verhindern, dass China aus den Klimaambitionen anderer Länder erneut „unlautere" Wettbewerbsvorteile zieht und so seine Machtbasis weiter stärkt?

In der neuen Weltordnung mit China und seinen alliierten Autokratien auf der einen Seite werden sich Demokratien auf der anderen Seite nur gemeinsam behaupten können: Europa, Nordamerika und Staaten wie Indien, Japan, Südkorea, Neuseeland und Australien sollten auf allen strategisch wichtigen Feldern enger zusammenarbeiten. Nur dann haben Menschenrechte auf diesem Planeten eine Zukunft. Und nur dann passiert nicht auf der ganzen Welt, was wir heute etwa in Hongkong und Xinjiang sehen müssen.

Die Welt braucht den Westen mit Europa
als Herzkammer des Humanismus – mehr
denn je. Solange die dunkle Seite der Macht
den Planeten bedroht, sind die
verbliebenen liberalen Demokratien als
Fackeln der Freiheit und als
Hoffnungsträger für die Menschheit
unverzichtbar!

Autor

Lothar Thürmer, 1954 geboren, studierte nach dem Abitur an einem mathematisch-naturwissenschaftlichen Gymnasium Wirtschaftswissenschaften in Augsburg und Los Angeles.

Der berufliche Werdegang des Autors mit Stationen in mehreren Ministerien hat es mit sich gebracht, dass er im Umfeld prägender Persönlichkeiten und politischer Vordenker arbeiten und lernen durfte. Dazu gehörten Franz Josef Strauß und Professor Kurt Biedenkopf.

Heute befasst er sich mit drängenden Zukunftsfragen.